J. F. Tourcaty inv. del. et sculp.

ABÉCÉDAIRE

FRANÇAIS,

A L'USAGE DES ENFANS

ET DES ÉTRANGERS;

d'après la nouvelle méthode simple et facile d'épellation et de prononciation.

OUVRAGE orné de quatre-vingt-une Gravures en taille-douce représentant autant de sujets, parfaitement terminés au burin.

SECONDE ÉDITION.

A PARIS,

Chez CAPELLE et RENAND, Libraires-Commiss.ᵗᵉˢ, rue J. J. Rousseau.

1807.

AVIS DES ÉDITEURS.

La première édition de cet ouvrage, imprimée par M. Cérioux à dix mille exemplaires, parut vers la fin de 1805.

Cette édition entièrement épuisée, en un si court espace de tems, prouve le mérite de cet ouvrage, dont nous avons acquis la propriété.

Deux exemplaires ont été déposés à la Bibliothèque, conformément à la loi.

CAPELLE et RENAND.

PRÉFACE.

LE desir d'enseigner nous - mêmes à nos enfans les premiers élémens de la lecture, nous décidèrent, il y a environ deux ans, à livrer à l'impression la première édition de cet ouvrage, conçu et composé pendant quelques mois d'un loisir involontaire.

Nous étions loin d'espérer qu'il serait distingué dans la foule des livres de ce genre ; nous nous glorifions aujourd'hui d'avoir, sans y penser, pu contribuer en quelque sorte à applanir les difficultés qui avaient existé jusqu'alors dans cette première partie de l'enseignement.

Les difficultés qui ont constamment désespéré les auteurs abécédaires, les maîtres et les écoliers (enfans ou étrangers) sont celles qui naissent de la bizarrerie trop capricieuse de notre orthographe : elles sont de deux espèces ; les unes sont occasionnées par un grand nombre de lettres qui changent de prononciation suivant les mots où elles sont employées ; les autres, par cette foule encore plus considérable de lettres qui ne doivent pas se faire sentir dans la lecture.

C'est à ces deux sortes d'obstacles qu'on s'est d'abord attaché ; on a cherché à les vaincre par la pratique et non par le raisonnement, parce que, dans une matière aussi abstraite et aussi arbitraire, les règles et les exceptions, qu'il est même impossible de bien établir, sont toujours un supplice pour l'enfance, et trop souvent un supplice inutile.

Il est bien constant d'ailleurs que la pratique équivaut à toutes les règles ; qu'elle est plus sûre même que toutes les règles ; ainsi le seul parti qui restait à prendre était d'amener les commençans à cette pratique, sans les faire passer par tant de contrariétés, et sans les faire heurter à chaque pas contre les contradictions, dont l'effet est de porter le dégoût et le découragement dans leur ame, et surtout de nuire au développement de leur jugement et de leur intelligence.

Pour y parvenir, nous avons employé

deux moyens : le premier, c’est d’écrire en plus petits caractères toutes les lettres qui ne doivent pas se faire sentir ; le second, de distinguer par des signes d’analogie toutes les lettres susceptibles de changer de valeur. Ainsi, en avertissant d’un côté les commençans, que les petites lettres sont nulles et ne doivent pas être prononcées, il ne leur sera pas bien difficile de les passer sans les dire. Cependant les yeux s’accoutumeront à les voir, et à les voir comme inutiles, de manière que, lorsque les grandes lettres seront insensiblement descendues au niveau des petites, l’habitude de passer celles-ci sera déjà contractée, par conséquent, cette première difficulté vaincue.

D’un autre côté, le principe de la prononciation des autres lettres, une fois admis et reconnu d’après les signes qui leur seront adaptés, elles ne présenteront plus ni incertitude ni contrariété. Ces signes seront employés aussi long-tems qu’il sera nécessaire pour former les élèves à une bonne prononciation ; puis, ils seront peu à peu supprimés ; mais encore ici la force de l’habitude ne le cédera point à la disparution de quelques points, accents ou cédilles.

Cependant, avant cette suppression, comme aussi avant de réduire les lettres au même corps, on en préviendra les élèves, afin de les faire tenir sur leur garde et de ne pas user de surprise : mais ils seront alors d'autant plus à même de saisir et comprendre les explications qu'on pourra leur donner, qu'ils en auront vu l'expérience, et que leur attention ne sera plus partagée.

Au surplus, pour donner aux commençans cette pratique et cette expérience si nécessaires, on ne s'est pas reposé sur le hasard, qui, dans le cours d'un récit ordinaire, ne peut amener que de loin en loin les lettres et les syllabes dont il est ici question, lesquelles, par cela qu'elles se trouvent ainsi disséminées, ne peuvent faire impression sur l'esprit des élèves. On leur offrira au contraire des leçons préparées, dans lesquelles ces lettres et ces syllabes se représentent aussi souvent que le fil et le sens du discours peut le permettre ; de sorte que la sécheresse du précepte sera déguisée sous l'intérêt du récit. C'est un troisième moyen qui eut pu être employé d'une façon plus brillante par des mains plus habiles; mais qui, tel qu'on le donne ici, ne laissera pas d'être utile.

Enfin, il en est un quatrième qu'on aurait peut-être dû présenter comme le premier, et sur lequel nous avons pu également fonder quelques espérances de succès; c'est la division de l'alphabet en deux parties bien distinctes, dont la première ne contient que les lettres simples, répétées suivant leurs diverses valeurs; et la seconde, les lettres composées, employées d'après les mêmes principes. Cette division de l'alphabet présente un grand avantage, en ce que par là les difficultés se trouvent également divisées; car, il n'échappera pas aux personnes qui feront usage de cet Abécédaire, de reconnaître que les lettres composées sont exclues de tout ce que l'enfant aura à lire jusqu'à la seconde partie, où ces lettres paraissent pour la première fois (1).

(1) Il faut pourtant en excepter la voyelle com-

Mais aussi il est de toute nécessité que les personnes dont nous venons de parler adoptent les principes d'après lesquels notre système a été établi. Ainsi, il faut en premier lieu qu'elles veuillent bien se conformer à l'épellation moderne, dans la dénomination des consonnes. On sait en général que cette épellation consiste à dire *be*, *ce*, *de*, *fe*, *le*, au lieu de *bé*, *cé*, *dé*, *ef*, *el*, comme on fesait anciennement. Alors, toutes les lettres deviennent du genre masculin : un *f*, un *l*, un *m*.

Nous ne dirons que peu de choses de cette épellation ; mais cela suffira pour donner une idée de sa vérité et son avantage aux personnes qui pourraient ne la pas connaître encore. Elles n'ont qu'à prononcer ces syllabes-ci : *ab*, *ad*, *af*, *al*, et bien faire at-

---

posée *ou* ; mais cette exception n'en est pas une, puisque cette voyelle se trouve indiquée dans la dernière figure de la première partie, et même d'une manière assez sensible pour des enfans ; or, puisqu'elle s'y trouve indiquée, on ne s'est pas fait scrupule de l'employer quand le cas s'est présenté.

tention au son qui en résulte. C'est bien évidemment *abe*, *ade*, *afe*, *ale*. Or, si l'on apprend aux enfans à nommer les consonnes *b*, *d*, *f*, *l*, en cette manière : *be*, *de*, *fe*, *le*, il en résultera bien certainement que pour articuler les syllabes que nous venons de proposer, *ab*, *ad*, *af*, *al*, ils n'auront qu'à nommer tout naturellement les deux lettres de chaque syllabe, de la manière qu'on leur aura appris, et ils diront *abe*, *ade*, *afe*, *ale*, si au contraire on leur enseigne à prononcer *bé*, *dé*, *ef*, *el*; en nommant ces lettres, dans les mêmes syllabes, ils devront dire *abé*, *adé*, *aef*, *ael*.

Il serait facile de multiplier les raisonnemens, mais en voilà assez; les grammaires et les dictionnaires, qui doivent faire loi en cette matière, indiquent et prescrivent depuis assez long-temps cette épellation; les maîtres les plus habiles et les plus estimés la pratiquent tous; et l'on ne pourrait que plaindre les enfans confiés à des personnes qui se refuseraient encore à la raison, à l'autorité et à l'exemple.

Quoiqu'il en puisse être, c'est d'après ce principe qu'on a dû choisir les mots et les figures destinés à indiquer le nom et la valeur des lettres, en même tems que leur forme. Ces lettres se présenteront à l'œil et à l'oreille dans la première syllabe de chaque mot, et quelquefois dans la finale ; mais ces deux manières seront encore suffisamment distinguées, puisque la lettre se trouvera à droite lorsqu'elle sera dans la finale, et à gauche lorsqu'elle sera au commencement.

C'est encore d'après ce même principe d'épellation que l'on a cru pouvoir écrire l'*e* muet comme ne devant pas être lu, car si *n* doit s'articuler *ne*, il en résulte que *â n* doit donner la prononciation de *â ne*. Ceci procurera bien des facilités aux commençans, en réduisant le nombre des lettres, sans nuire en rien à la formation des mots.

Hors delà, c'est-à-dire hors du moment où l'on apprend à un enfant à connaître et à nommer ses lettres, les consonnes ne doivent plus être articulées séparément de la voyelle avec laquelle elles font syllabe; aussi ne faudra-t-il point épeler les syllabes lettres par lettres, mais articuler les mots par syllabes toutes formées. On apprendra donc à un enfant à connaître et à dire *ab, eb; ba.*

bé ; *bra* , *bla* , etc. , de la même manière qu'on lui aura appris à connaître et à dire *a*, *b*, *c*.

La méthode que nous venons de prescrire est beaucoup plus expéditive , plus facile , et plus conforme aux vrais élémens de la lecture dans laquelle les consonnes ne servent qu'à modifier les voyelles ; c'est-à-dire , à indiquer une certaine manière de les prononcer. Quand nous disons *ab*, par exemple , fesons - nous autre chose que de prononcer *a*, en terminant immédiatement cette prononciation par un battement de lèvres *ab* ? Ainsi, le signe qu'on appelle *b* ne sert ici qu'à indiquer cette manière de prononcer l'*a*, et ne doit jamais en être détaché.

Or , si nous disons qu'une lettre sonnante ne doit point être épelée isolément , à plus forte raison ne doit on point articuler les lettres nulles , qui ne sont empoyées la plupart du tems que comme des signes orthographiques, et qui par-là sont du domaine de l'œil et non de celui de la parole ; car , il faut bien savoir distinguer la langue écrite de la langue parlée, et quand on lit, on ne doit employer que les élémens qui servent à la parole, et par conséquent ne faire mention que des lettres qui se font entendre.

Cette recommandation de ne point épeler est aussi de rigueur, lorsqu'il sagit de lettres composées. Comme ces lettres n'ont de valeur que par leur réunion, cette valeur disparaît si on les désunit, et c'est de quoi il faut bien se garder. On doit les considérer dans leur ensemble et non dans leur composition, et les prononcer en un seul tems, comme si c'était des caractères seuls et uniques : *ai*, *au*, *eu*, *oi*, *ou*; *an*, *en*, *in*, *on*, *un*; *ch*, *gn*, *ph*, *rh*, *th*, sont autant de lettres composées, mais indivisibles.

C'est ici que nous aurions beaucoup à dire pour justifier ce précepte, qui est celui de tous les auteurs et de tous les grammairiens. Aussi avons-nous dressé un alphabet à part pour indiquer la prononciation de ces lettres composées. Mais c'est envain que nous aurions pris ce soin, si l'on ne voulait pas en faire usage dans le sens que nous indiquons.

Nous nous bornerons à inviter les personnes qui auraient des habitudes et des préjugés contraires, à pratiquer quelque peu ces règles, par forme d'essai seulement, elles ne tarderont pas à s'y conformer définitivement quand elles en connaîtront les avantages.

Ces principes une fois posés, voici à peu près comme il convient de procéder : faites connaître à votre élève les figures de la première planche ; puis, quand il les connaîtra bien, passez à la seconde, ainsi de suite, jusques et compris la cinquième. Pendant cet exercice, faites en sorte d'attacher beaucoup d'idées à ces figures, en y joignant des détails, des explications, et même autant que vous pourrez, des contes et des fables analogues. Ceci est nécessaire pour fixer d'abord l'attention volage des enfans ; puis ensuite, pour que les mots qu'ils liront les premiers leur rappellent beaucoup de choses, et leur valent, pour ainsi dire, des discours entiers.

Choisissez ensuite les mots les plus faciles à lire. Le mot *âne*, par exemple, il n'y aura que deux lettres à connaître pour le lire ; vous apprendrez donc à votre élève à connaître ces deux lettres par le moyen des figures qui les indiquent, et quand il les connaîtra bien, vous les lui ferez nommer l'une après l'autre dans le mot même. Alors, il dira et lira facilement *â n*. Or le voilà qui ne connaît que deux lettres et qui lit un mot. Ainsi, point de longueur, point d'abstraction : l'enfant voit de suite le résultat et l'utilité de ce qu'on lui montre. Avec deux autres lettres, il lira *épée ;* puis, avec deux de plus, *abeille ;* et remarquez bien que ce dernier, qui, dans le système ordinaire, est d'une décomposition si difficile, devient très-simple dans le notre. Vous faites lire *a bé*, et jusqu'ici point d'obstacles ; vous passez ensuite les deux petites lettres qui sont nulles, et vous faites sonner la dernière comme vous devez le lui avoir appris auparavant dans la finale du mot *bouteille :* de cette manière, *abeille* ne présente pas même autant de difficulté que le mot *abel*, puisqu'il manque un accent à ce dernier pour que son orthographe soit d'accord avec sa prononciation.

On peut encore procéder différemment ; par la manière que nous venons d'indiquer, c'est la connaissance des lettres qui mène à la lecture des mots : on peut au contraire faire servir les mots à la connaissance des lettres. En voici le moyen : qu'un enfant connaisse d'abord ces trois lettres *p, l, o,* vous pouvez avant qu'il connaisse le *t* lui faire lire le mot *pelote* Comme il saura ce mot d'avance il ne manquera pas d'en articuler la finale, et il sera le premier à observer que la dernière lettre se nomme donc un *t*.

Cette méthode de faire connaître les lettres par les mots doit s'appliquer de préférence aux lettres qui changent de prononciation, afin de ne pas trop charger la mémoire des enfans, et de n'employer les explications qu'à mesure que le cas s'en présente au moment même de l'application. Pour revenir donc sur le mot *abeille*, il suffirait alors pour le faire lire, que l'enfant eût eu occasion de connaître entre autres lettres, le son naturel du *l* dans *lewrier*. D'après cela, il prononcera peut-être *Abel;* mais alors vous lui observez qu'il y a un point au-dessous du *l* et que toutes les fois qu'il y a un point au-dessous de cette lettre, il faut la prononcer d'une autre manière, et vous la lui indiquez en prononçant vous-même.

Appliquez ce raisonnement aux différentes espèces de lettres, voyelles ou consonnes, et surtout aux différens *e*. Il suffit de lui en faire connaître un seul, puis à mesure que l'occasion s'en présente, vous lui en expliquerez les nuances : remarquez bien que vous aurez toujours une raison à donner : un point, un accent, une cédille ; cela suffit pour que vous ne soyez pas en opposition avec vous-même et que vous ne vous n'ayez pas l'air de changer la valeur des lettres suivant votre caprice.

Tout ceci peut encore être poussé beaucoup plus loin. Il est des personnes qui ne veulent pas que l'on commence à apprendre à lire par les lettres, mais bien par des mots entiers. Ce système n'est pas aussi extraordinaire qu'il le paraît d'abord, et notre méthode s'y prête également bien ; ainsi, après avoir eu soin de frapper l'imagination des enfans, par la vue des figures, et surtout par les récits qu'il faut y attacher, on peut leur montrer, leur lire et leur faire répéter un mot, puis un autre, puis encore un autre à mesure qu'il sait lire les premiers. Les personnes qui en sont pour cette manière, savent comment il faut s'y prendre en suite pour arriver à la connaissance des lettres isolées, par la décomposition des mots et des syllabes.

Enfin, on peut laisser quelques figures dont on ne désigne pas les sujets, et on tire parti de la curiosité que l'on cherche à exciter, pour engager les enfans à trouver d'eux-mêmes ce qu'ils desirent. **Prenons** le mot *renard*, ils diront que c'est un chien ; non : un chat, non plus. Qu'est-ce que c'est donc ? Devinez ou lisez. On supposera ici qu'ils connaîtront déjà les lettres du mot, à l'exception de la première. Il n'y a donc plus qu'à leur nommer cette lettre, et leur faire lire le reste.

De quelque manière que l'on s'y prenne, et il convient d'en employer plusieurs, pour chasser l'ennui par la variété ; toujours est-il certain que tant qu'on restera sur les figures, il n'y aura ni dégoût ni ni fatigue, pourvu cependant qu'on ait l'attention de ne pas faire durer les leçons trop long-tems, et il vaut infiniment mieux les faire courtes et les répéter plus souvent. Or, ces figures nous donnent la lecture de quarante mots qui présentent toutes les combinaisons des lettres simples, c'est-à-dire, environ la moitié de ce qui peut constituer la lecture du français ; ainsi, quand vous resteriez un mois entier sur ces mots, ce ne serait pas encore trop long-tems.

Vous passez ensuite aux syllabaires et aux morceaux de lecture qui suivent ; lesquels ne presenteront aucun obstacle, si vous ne vous hâtez pas trop d'y arriver, et si vous ne quittez chaque syllabaire, que lorsque votre élève sera en état d'en articuler toutes les syllabes, d'abord dans l'ordre naturel de gauche à droite, puis de droite à gauche, puis de haut en bas, et de bas en haut, puis enfin, prises au hasard, telles qu'on pourra les lui indiquer. On verra, au surplus, que le passage alternatif des syllabaires aux discours suivis, soulagera réciproquement les élèves, parce que l'esprit comme le corps, ne demande pour se reposer que de changer d'objet. Et qu'importe que votre enfant lise un mois plutôt un ou mois plus tard? L'essentiel est qu'il lise bien, et qu'il apprenne à lire sans concevoir de l'aversion pour la lecture.

Appliquons maintenant à la seconde partie de l'alphabet tout ce que nous avons dit jusqu'ici, et procédons de la même manière : les lettres composées qui paraissent plus difficiles, le seront peut-être moins, et sûrement ne le seront pas davantage, parce qu'elles seront toujours à la même portée des élèves devenus plus forts, et qu'ici, comme en beaucoup de choses, il n'y a que les premiers pas qui coûtent.

Il faut encore espérer que nous n'aurons pas les mêmes peines à prendre, car nous jouerions bien de malheur, et nos enfans ne seraient guères enfans, si, dans l'intervalle qui s'écoulera depuis qu'ils ont le livre entre les mains, jusqu'à ce qu'ils soient arrivés aux secondes figures, ils n'étaient parvenus, à force de questionner les uns et les autres, à les connaître toutes, et mêmes à en lire beaucoup de mots. Il ne convient pas néanmoins de satisfaire toujours à ces questions, ni de leur laisser trop souvent ou trop long-tems le livre entre les mains, hors le moment des leçons. Tout cela ne doit se faire que par manière de complaisance, et par forme de récompense, bien loin de les en rassasier, en leur en fesant un devoir.

Mais avec quelle espérance de succès ne pourra-t-on pas faire usage de ce livre élémentaire, en faveur des personnes d'un certain âge, qui entendent le français, le parlent, et ne savent pas le lire. Cette classe comprend un grand nombre de nationaux et d'étrangers. Nous pensons que huit ou dix leçons, bien données, peuvent suffire pour mettre une de ces personnes, non pas en état de lire de suite, mais ce qui revient presqu'au même, en état de se former et de s'exercer d'elle-même à la lecture. Cela ne paraîtra plus étrange, si l'on veut se rappeler que toute la difficulté consiste à connaître les figures, et à savoir ensuite de quelle manière ces figures présentent la forme et la valeur des lettres qui y sont adaptées, ainsi que le mot qui correspond à chacune d'elles. Cette première connaissance une fois acquise, le reste ira de lui-même, puisque les lettres nulles, et celles susceptibles de varier, sont suffisamment indiquées pour ne plus embarrasser le lecteur.

Enfin, pour ne rien laisser à desirer aux étrangers qui voudront s'instruire eux-mêmes de la lecture française, on a placé dans quelques exemplaires, qui leur seront spécialement destinés, un alphabet comparatif des cinq principales langues de l'Europe; de manière que ces alphabets, s'aidant réciproquement les uns les autres, donneront de grandes facilités. L'on sait au surplus que la délicatesse de la prononciation ne peut s'aquérir que par une longue fréquentation des nationaux, et qu'il est même un âge où il faut y renoncer.

ADDITION.

Voici pour plus grande sûreté, les différentes valeurs qu'il convient de donner aux lettres, simples ou composées, d'après les signes affectés à chacune d'elles.

Appuyez un peu, mais sans excès ni affectation sur les voyelles longues *â*, *ê*, *î*, *ô*, *û*. On a placé ces voyelles longues les premières, parce qu'en commençant à montrer à lire aux enfans, on est dans l'habitude et dans l'obligation de donner plus de force et d'étendue à la valeur des lettres, afin de faire plus d'impression sur leurs organes. Le son de la lettre est alors pour l'oreille ce que son volume est pour l'œil; l'un et l'autre doivent être plus développés. Cela est si vrai, qu'en parlant, nous donnons constamment aux voyelles la valeur longue, nous disons : voilà un grand *â*, voilà un bel *ô*.

Prononcez d'une manière breve et naturelle les voyelles non revêtues de l'accent circonflexe *a*, *é*, *i*, *o*, *u*. (1) Quant à l'*y*, qui se trouve relégué, on ne saurait trop dire pourquoi, à la fin de l'alphabet, au lieu d'être placé après les voyelles; vous direz tout simplement à votre élève que c'est encore un *i*, ce que le point facilitera; mais n'ajoutez pas le mot *grec*, parce que ce mot exigerait des explications et des raisonnemens dont il faut être avare.

L'*e* avec l'accent perpendiculaire est un *e* moyen qui ne doit être ni si fermé que dans *vérité*, ni si ouvert que dans *procès*, c'est le premier *e* de *belle*, *mère*, etc. L'*e* sans accent est l'*e* muet qui se trouve deux fois dans *mesure*.

---

(1) On avait l'intention, en travaillant à cet ouvrage, de faire marquer de l'accent circonflexe toutes les syllabes décidément longues, comme de le retrancher de toutes les syllabes breves, sans égard à l'usage de l'orthographe. Ainsi, on aurait écrit un *homme honnête* avec l'accent, et un *honnete homme* sans accent, ce qui entrait parfaitement dans l'ensemble du systême, fondé sur la force de l'habitude. Cela a échappé dans l'impression des premières feuilles, et on n'a pas voulu y revenir dans les suivantes.

Voici le son des consonnes simples, suivant l'ordre habituel de l'alphabet : *be, çe, fe, ge, he,* (avec aspiration) *je, ke, le, me, ne, pe, que, re, se, te, ve, xe, ze.* Le *c* sans cédille doit avoir la valeur de *ke* (*coq, bec,* koq, bek). Le *g* sans point doit être prononcé *gue* (*dig dog,* digue dogue). Le *h* sans point est une lettre nulle et sans valeur : ainsi, dites a votre élève qu'il faut lire les mots ou elle se trouve comme si elle n'y était pas : *habit* comme *abit.* Un *l* avec un point au dessous, est ce qu'on appelle un *l* mouillé ; mais sans parler de tout cela, donnez à cette lettre le son qu'elle a dans la finale du mots *soleil* ou *bouteille.* Le *s* sans cédille équivaut au *z* : *vos œillets et vos roses.* Le *t* avec cédille doit être articulé *ci, si,* parce que c'est toujours devant un *i* qu'il a le son doux : *partial, patient.* Enfin, le *x* sans cédille équivaut à *gz,* et doit être prononcé *gze, Xavier, exemple.*

Quant aux lettres composées, il serait à souhaiter qu'elles fussent liées entre elles de manière à être un peu dénaturées, c'est-à-dire de manière à ne pas rappeler bien nettement à l'œil les caractères qui les composent, puisque ces caractères doivent perdre leur première valeur ; c'est encore un objet à examiner et à mettre à exécution. Quoiqu'il en soit, ne les détachez jamais l'un de l'autre et faites prononcer en un seul tems *ai*, comme *é* ; *ai*, *oi* comme *è* ; *au* comme *ô*, etc. De même *an*, *en*, *in*, *on*, *un* : *en* avec un point sur l'*é* doit sonner comme *in*, *lien*, *bien*. Lorsque le *n* est surmonté d'un accent perpendiculaire, il doit toujours être sonore, comme dans *on a vu un enfant bien élevé*.

Çh avec la cédille, s'articule comme dans la première syllabe de *cheval* ; mais sans cédille, donnez lui la valeur de *ke* : *chorus*, korus.

Gn, avec le point sur le *g*, comme dans *cygne*, *peigne* ; mais sans point, les deux lettres se prononcent séparément *gue ne* : *g nome*, *stag nation*. *Gh*, a toujours le son dur de *gue*.

Mouillez l'*y* dans les diphtongues *ay*, *oy*, *uy*, c'est-à-dire, prononcez et faites prononcer *aye* ou *éye*, *oye*, *uye*, etc.

â
a
é
é
ê
e
î
i

â â-nₑ âne	**a** a-bé il lₑ abeille
é é-péₑ épée.	**è** ès-car-goₜ escargot
ê è ê-trₑ şu-prê-mₑ être suprême	**e** pî-e pie
î î-lₑ île	**i** i-ma-gₑ image

Ô	O
Ôs des os	o-ré il ļe oreille
û	u
ûr-nͤ ûrne	u-ra-nîͤ uranie
b	ç
bͤlȩ̀t-tͤ belette	çͤ-ri-sͤs cerises
ş	ţ
şͤ-mér semer	ţîͤ ţie

J.F.T. fec.

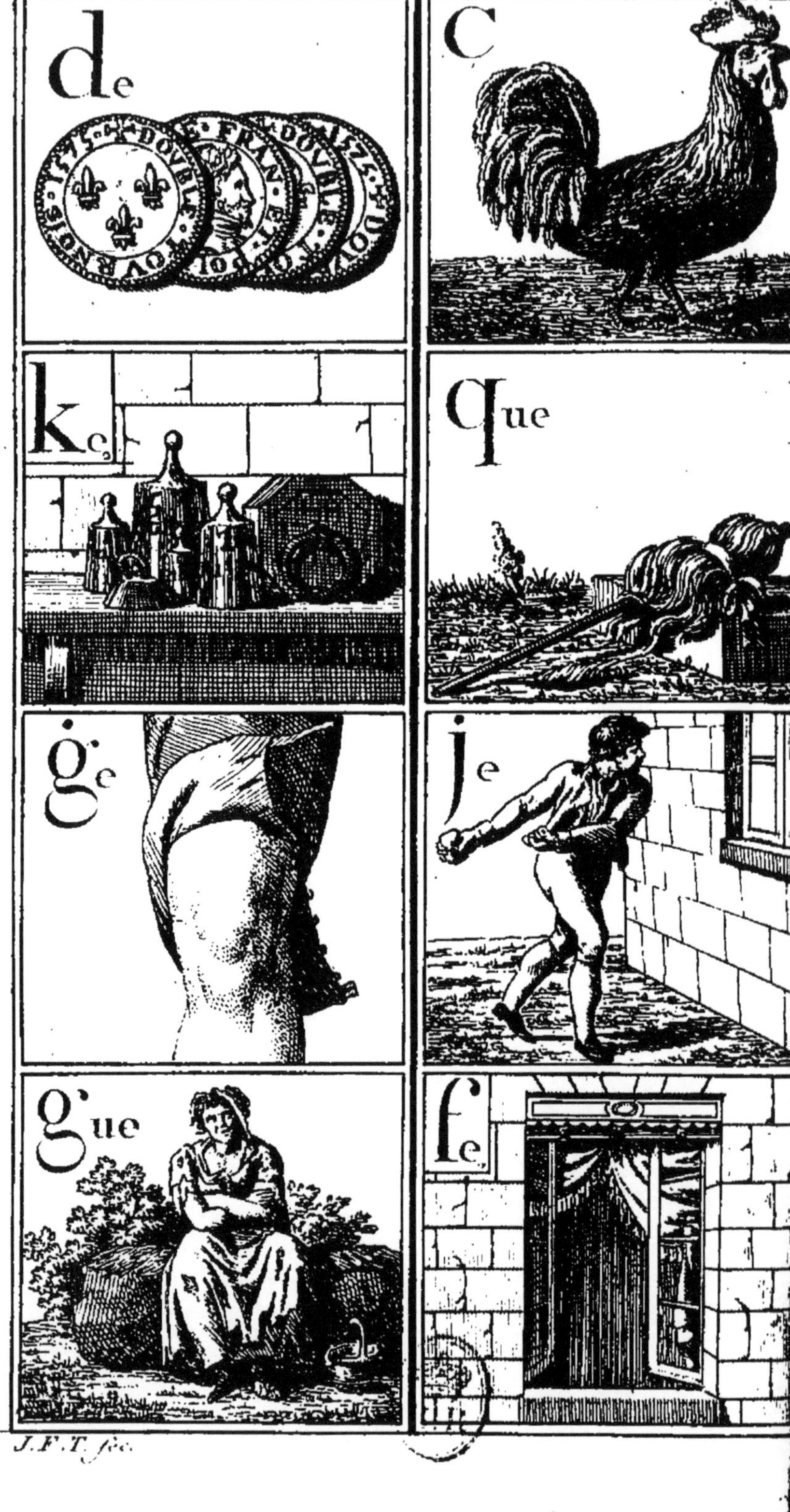
de
c
ke
que
ge
je
gue
fe
J.F.T. fec.

d	**c**
d_e-ni-é$_{rs}$	co-q
deniers	coq
k	**q**
ki-lo-gra-m$_e$	q_{ue}·nou $_{il}$l$_e$
kilograme	quenouille
ġ	**j**
ġ$_e$-nou	j$_e$-té$_r$
genou	jeter
g	**f**
g$_{ue}$-ni-p$_e$	f$_e$-nê-tr$_e$
guenipe	fenêtre

h ha-bi_t habit	h hu_p p_e huppe
l l_e-vri-é_r levrier	l bou-té_{il} l_e bouteille
m m_e-lo-nié-r_e meloniere	n né-gr_e négre
p p_e-lo-t_e pelote	r r_e-nar_d renard

h.
he
le
le
me
ne
pe
re
J.F.T. fec.

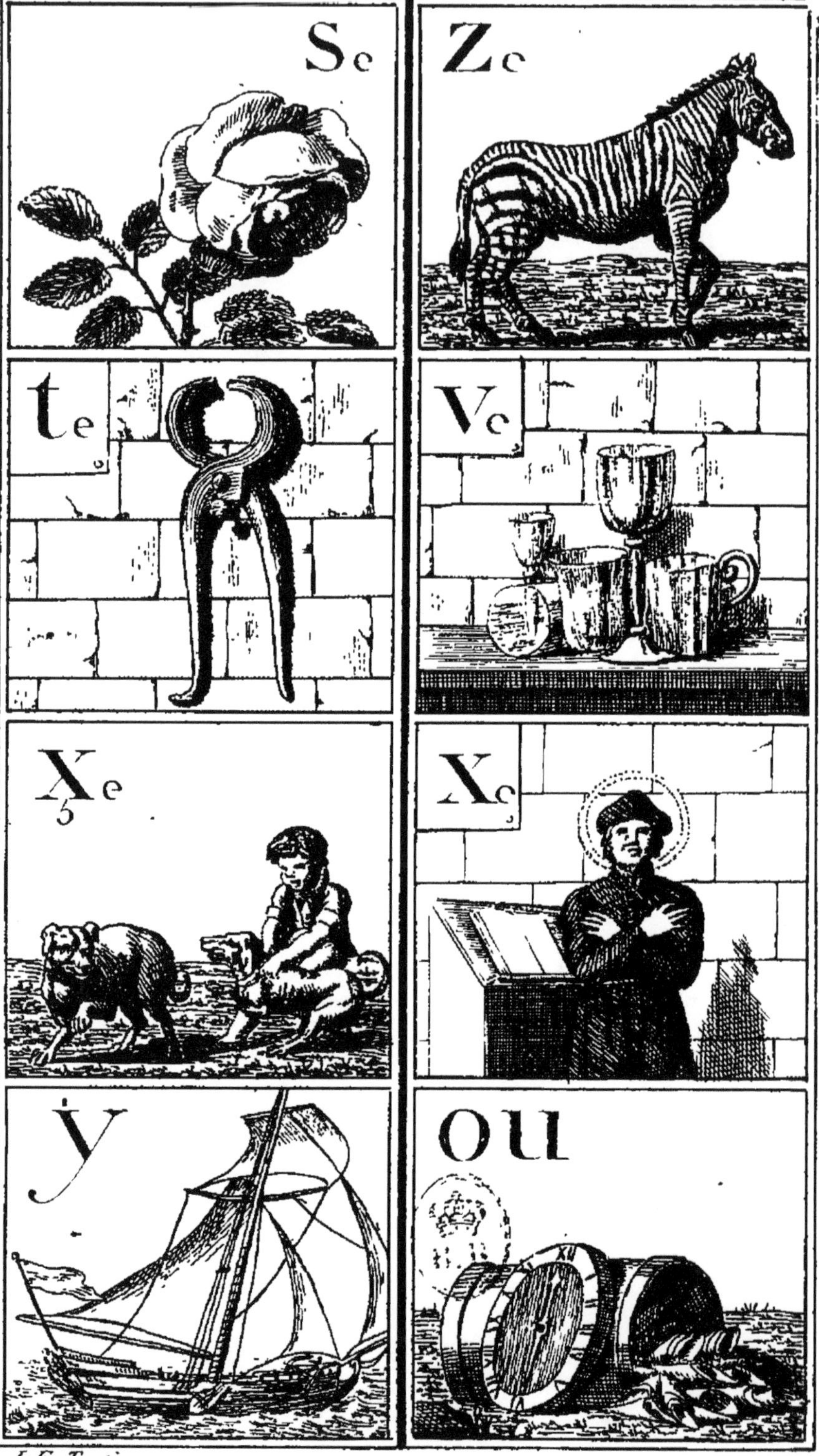
Se
Ze
te
Ve
Xe
Xe
y
ou
J. F. T. fec.

s	**z**
ro–s$_e$	zé–br$_e$
rose	zebre
t	**v**
t$_e$–na $_{il}$ l$_e$	vè$_r$–r$_e$
tenaille	verre
X$_5$	**X**
X$_5$$_e$ X$_5$$_e$	xa–vi–é$_r$
xe xe	xavier
ẏ	**ou**
ẏa–c$_{ht}$	ou–bli$_{es}$
yacht	oublies

a é i o u ÿ

ab éb ib ob ub ÿb

ac éc ic oc uc ÿc

aç̱e éç̱e iç̱e oç̱e uç̱e ÿç̱e

ad éd id od ud ÿd

af éf if of uf ÿf

aġe éġe iġe oġe uġe ÿġe

aje éje ije oje uje ÿje

ag ég ig og ug ÿg

ah éh ih oh uh ÿh

al él il ol ul ÿl

al̦ el̦ il̦ ol̦ ul̦ ẏl̦

ame éme ime ome ume ẏme

ane éne ine one une ẏne

ap ép ip op up ẏp

aqu équ iqu oqu uqu ẏqu

ar ér ir or ur ẏr

aş éş iş oş uş ẏş

ase ése ise ose use ẏs

ate éte ite ote ute ẏte

ave éve ive ove uve ẏve

ax ex ix ox ux ẏx

axe éxe ixe oxe uxe ẏxe

aze éze ize oze uze ẏze

Papa va me don-né les joli petits joujoux qu'il m'a promi, parce que je li déjà des syllabes et des mots.

Obéissez à vos pères et mères; dites la vérité; allez à l'école; ne battez pas vos petits camarades.

Ne parlez pas ab hoc et ab hac, c'est-à-dire, à tort et à travèrs; çelui qui parle trop a tôt ou tard du regret à çe qu'il a dit.

Une çigale passa tout l'été à s'amu-sér; l'hivèr venu, la nèige èt la bise la firent périr, parçe qu'èle n'eût pas de cabane où èle pût çe mètre à ouvèrt. Ça petite

camarade la four-
mi ne fit pas de mê-
me, elle s'occupa l'é-
té à se bâtir une
belle et bonne ca-
bane ; elle amassa
des vivres qu'elle y
porta ; elle s'y retira
l'hivèr et y vécut
avec facilité : par là
elle se mit à l'abri de
la nèige et de la bise.

e a é i o u

be ba bé bi bo bu

çe ça çé çi ço çu

» ca » » co cu

de da dé di do du

fe fa fé fi fo fu

ge g$_e$a gé gi g$_e$o g$_e$u

je ja jé ji jo ju

g$_u$e g$_u$a g$_u$é g$_u$i g$_u$o gu

» ga » » go gu

he ha hé hi ho hu

he ha hé hi ho hu

ke ka ké ki ko ku

le la lé li lo lu

me ma mé mi mo mu

ne na né ni no nu

pe pa pé pi po pu

que qua qué qui quo qu

re ra ré ri ro ru

şe şa şé şi şo şu

se sa sé si so su

te ta té ti to tu

»   »   »   ţi   »   »

ve va vé vi vo vu

x̧e x̧a x̧é x̧i x̧o x̧u

xe xa xé xi xo xu

ze za zé zi zo zu

Les hommes parlent et les bêtes ne parlent pas si ce n'est les perroquets qui répètent toujours les mêmes mots et ne savent pas ce qu'ils disent.

Les arbres poussent, s'élèvent et ne bougent pas de la place à laquelle les hommes ou la nature les a fixés.

Une tortûe est une espèce de lézard couvert par dessus et par dessous d'une écaille grosse et dure qui lui sert d'asile où elle se retire lorsqu'elle est menacée ; elle a quatre pates et ne va pas vîte du tout.

La tortûe fit une gageure avec le lièvre pour arriver la

première près d'une muraille : le lièvre accepta le défi et la tortue partit ; pour lui, il s'amusa sur la route parce qu'il se crut assez leste pour arriver toujour assez tôt. Lorsqu'il vit la tortue près du but, il se mit vite à courir de toute sa force : ce fut trop tard ; la tortue arriva la pre-

miére, ét le liévre
pérdit la gageure.

Apprenéz par cétte
fable qu'il ést très-
difficile de réparér
lés jours que vous pér-
déz à vous amusér.

~~~~~~~~~~~~~~~~~~~~~~~

bla blé bli blo blu
cla clé cli clo clu
fla flé fli flo flu
gla glé gli glo glu
pla plé pli plo plu
bra bré bri bro bru
~~~~~~~~~~~~~~~~~~~~~~~

cra cré cri cro cru
dra dré dri dro dru
fra fré fri fro fru
gra gré gri gro gru
pra pré pri pro pru
tra tré tri tro tru
vra vré vri vro vru

~~~~~~~~~~~~~~~~

Ne gâté_z pa_s, ne
méprisé_z pa_s votr
livre ; tené_z le tou-
jour_s propre : a_ppre
né_z vît_e à lir_e e_t
écrire.
~~~~~~~~~~~~~~~~

Tenéz votre parole avec scrupule, et gardéz votre promesse avec exactitude.

Ne trahisséz pas les secrets de votre ami.

Rappeléz-vous toujours que la sagesse est préférable à l'esprit.

Priéz et adoréz l'être suprême : c'est

lui qui régle le cours
du soleil et désastres,
et qui distribue la vie
et la mort à tout ce
qui vit et qui respire.

~~~~~~~~~~~~~~~~

Une petite fille
ouvrit le buffet de sa
mère; elle y prit du
sucre et des dragées
qu'elle croqua de la
belle maniére : elle
crut d'abord n'être
pas découverte, et
~~~~~~~~~~~~~~~~

sûre du secret, dès
qu'elle vit revenir sa
mère, elle voulut vîte
refermér le buffet. Ce
la ne se passa pas de
cète manière, elle
ne put venir à bout de
le refermér assez tôt
et sa mère qui arriva
la surprit : alors elle
se vit obligée de tout
avouér ; ce qu'elle fit
de bonne grâce. Sa
mère lui pardonna et

la petite fille promit de ne plus s'y retrouvér à l'avenir : élle a tenu parole ét s'ést corrigée par la suite.

Profitéz de cét avis, ét s'il vous ést arrivé de l'imitér à l'égard du mal, n'oubliéz pas de l'imitér de même pour vous corrigér.

aí. é	**aì. è**
aíguisér	aìgle
aiguiser	aigle
oì.è **oi**	
harnoìs	oie
harnois	une oie
au. ô	**eu**
autél	oeufs
autel	des œufs
aï	**oï**
Sinaï	Moïse
mont Sinaï	Moïse

aí
aì
oì
oi
au
eu
aï
oï

an
am
en
en
em
in
en
im
J.F.T. fec.
B.R

an	am
ange	amphibie
ange	amphibie
en	en
enfant	en arrière
enfant	en arrière
em	in
embrassade	invalide
embrassade	invalide
en	im
indien	impossible
indien	impossible

on	om
once	ombre
once	ombre
un	um
un	parfum
un doigt	parfum
uń	ay
uń œuil	aye aye
deux yeux	aye aye
aý	aý. éi
balaýeŕ	paýsage
balayer	paysage

on
om
un
um
un
ay
aý
aý
F.T. fec.

oy
uy
ch
ch
gn
gn
gh
oin
J.F.T. fec.

oy **broyé**r broyer	uy **é**s**suyé**r essuyer
çh **cheval** cheval	ch **choruş** chorus
gn **çigne** cigne	gn **gnome** gnome
gh **ghiamala** ghiamala	oin **poin**g le poing

ph. f	rh. r
phénix	rhinocéros
phénix	rhinocéros
th. t	st
thermomètre	statue
thermomètre	statue
scr	chr
scribe	christ
scribe	christ
spl	ueil
splendeur	orgueil
du soleil	du paon

ph
rh
th
st
scr
chr
spl
ueil
J. F. T. fec.

é	è	»	»	»
aí	oì	eu	au	ou
baí	boì	beu	bau	bou
çaí	çoì	çeu	çau	çou
caí	coì	cœu	cau	cou
daí	doì	deu	dau	dou
faí	foì	feu	fau	fou
ġeaí	ġeoì	ġeu	ġeau	ġeou
gaí	goì	gᵘeu	gau	gou
jaí	joì	jeu	jau	jou
laí	loì	leu	lau	lou
maí	moì	meu	mau	mou
naí	noì	neu	nau	nou
paí	poì	peu	pau	pou
qᵘaí	qᵘoì	qᵘeu	qᵘau	qᵘou
raí	roì	reu	rau	rou
şaí	şoì	şeu	şau	şou
saí	soì	seu	sau	sou
taí	toì	teu	tau	tou

vaí	voì	veu	vau	vou
ӿaí	ӿoì	ӿeu	ӿau	ӿou
xaí	xoì	xeu	xau	xou
zaí	zoì	zeu	zau	zou

Un corbeau avoìt trouvé un morçeau de fromage ; il ş'étoìt envolé avéc, ét ş'étoìt plaçé şur uń arbre. Un renard, attiré par l'odeur, vint auprès du corbeau, ét pour lui faìre tombér le fromage du béc, il luì parla de çéìte manière : Oh ! comme vous êtes beau, mon ҫhér ami : j'aí auşi appris que vouş şaviéz ҫhantér d'une façon trés-agrèable ; şi çela ést vraì, vous étes aşşurément le premiér oiseau de tout le paÿs. Le corbeau tout réjoui de cés paroles flatteuses , voulut şe mettre à chantér ; mais , à péine il eût ouvèrt le béc , le fromage tomba par térre : ç'èst-là çe que vouloìt le renard ; il şauta vîte şur le fromage qu'il mangea au néz du corbeau tout honteux de ş'être ainşi laíşşé attrappér.

Quand lés méçhans nous flattent ét nous caréşşent plus qu'à l'ordinaìre , ç'èst une marque çertaìne qu'ils veulent nous trompér ; ét quand nous avons la faìbléşşe de lés croire, nous méritons bién de l'être.

<hr>

blaí	bloì	bleu	blau	blou
claí	cloì	cleu	clau	clou
flaí	floì	fleu	flau	flou

glaí	gloì	gleu	glau	glou
plaí	ploì	pleu	plau	plou
braí	broì	breu	brau	brou
craí	croì	creu	crau	crou
draí	droì	dreu	drau	drou
graí	groì	greu	grau	grou
praí	proì	preu	prau	prou
traí	troì	treu	trau	trou
vraí	vroì	vreu	vrau	vrou

Une belette très-maìgre, ét crevant présque de faim ét de misére, şe glişsa par le plus petit trou qu'élle pût trouvér, ét pénétra dans un greniér; élle croqua lés fruits ét le fromage, ét tout çe qu'élle y rencontra, çe qui la fit engraişşér en très-peu de tems. Un jour, le maître du greniér

s'y transporta pour rendre vi-
site à ses provisions : à çe bruit
térrible, la belétte troublée ét
toute tremblante, voulut çe métt-
tre à fuir pour çe çoustraire à
ça vue ; maìs élle fût bień at-
trapée, car étant devenue trop
grosçe ét trop grasçe, élle ne put
plus repasçér par le même trou
qu'élle étaìt entrée , de çorte
qu'élle fut prise ét punie de çon
imprudençe ét de ça gourman-
dise : élle auraìt du avoir l'éçprit
de prévoir et de prévenir une
çemblable cataçtrophe.

an	en	in	on	un
am	em	im	om	um
ban	ben	bin	bon	bun

can	cₐen	cₐin	con	cun
çaɳ	çem	çin	çon	çun
dan	dem	din	don	dun
fan	fem	fin	fon	fun
ġean	ġem	ġin	ġeon	ġeun
guan	guen	guin	guon	gun
gan	»	»	gon	»
jan	jem	jin	jon	jun
lan	lem	lin	lon	lun
man	men	min	mon	mun
nan	nem	nin	non	nun
pan	pem	pin	pon	pun
quan	quen	quin	quon	quun
ran	rem	rin	ron	run
şan	şem	şin	şon	şun
san	sem	sin	son	sun
tan	tem	tin	ton	tun
van	vem	vin	von	vun
ӽan	ӽem	ӽin	ӽon	ӽun

xan   xem   xin   xon   xun

zan   zem   zin   zon   zun

Un enfant qui a bonne volonté et bonne intenţion, parviendra plus şûrement, avec un peu de paţiençe, à bien dire şa leçon qu'un autre enfant qui aura un plus grand fond d'intélligençe ét d'entendement, maìs qui n'aura ni conştançe ni applicaţion.

Il ést donc bien important de méttre de l'attenţion dans tout çe qu'on faìt, alors on ést çertain d'apprendre tout çe qu'on veut, en bien peu de tems.

CHANSON.

Moi, qui suis un bon enfant,
De grande espérance,
J'en suis pour le bon nanan,
Et pour la pitance;
Quand on veut bien m'en donner
On peut m'entendre chanter
La bonne aventure ô gué!
La bonne aventure.

blan	blen	blin	blon	blun
clan	clen	clin	clon	clun
flan	flen	flin	flon	flun
glan	glen	glin	glon	glun
plan	plen	plin	plon	plun
bran	bren	brin	bron	brun
cran	cren	crin	cron	crun

dran	dren	drin	dron	drun
fran	fren	frin	fron	frun
gran	gren	grin	gron	grun
pran	pren	prin	pron	prun
tran	tren	trin	tron	trun
vran	vren	vrin	vron	vrun

———————————————

La France est très-grande et très-puissante; elle n'a rien à craindre des peuples qui enfreindraient ses traités et voudraient lui déclarer la guerre; s'ils croient qu'ils la vaincront, ils se trompent; c'est à eux de trembler.

Enfans! vous êtes Français! — Vos pères ont été des enfans, et les enfans deviendront des hommes; mais ceux qui apprendront à bien lire et à bien écrire auront toujours de l'avantage et de la supériorité sur les autres quand ils seront grands.

———————

CHANSON.

Bien loin dans la montagne
Les oiseaux font leurs nids,
　Clain claine clain clou,
　Patrin clou patri claine,
　Clain claine clain clou,
　Patrin clou patri clou.

Colin et sa compagne
Prendront tous les petits,
　Clain claine clain clou,
　Patrin clou patri claine,
　Clain claine clain clou,
　Patrin clou patri clou.

çhe   çha   çhé   çhi   çho   çhu
che   cha   ché   chi   cho   chu
ġne   ġna   ġné   ġni   ġno   ġnu
gne   gna   gné   gni   gno   gnu
ghe   gha   ghé   ghi   gho   ghu
phe   pha   phé   phi   pho   phu
rhe   rha   rhé   rhi   rho   rhu
the   tha   thé   thi   tho   thu

————

J'aí été au catéçhişme, à la cathédrale, ét j'aí entendu çhantér lés enfans de choeur à l'orchęstre ; j'aí vu auşşi le palaìs archiépişcopal, maìs monşéigneur l'arçhevêque n'y étaìi pas.

————

Ç'èst Jésus-Christ qui a établi le christianişme, ét nous, qui proféşşons çeite religion, nous şommes chrétiens. Le chriſtianiſme enſeigne la morale la plus ſublime et la plus conſolante ; mais il ne faut pas le déshonorér par la ſuperſtition.

~~~~~~~~~~~~~~~~~~~~

Lés ſylphes ét lés gnomes ſont dés eſprits imaginaires, çe n'ést pas autre çhose que dés feux follets ou dés phoſphores qui s'élèvent pendant la nuit dés eaux ſtagnantes ét dés çharognes. Cés phénomènes ne ſont pas rares : lés imbéçiles ét lés bonnes femmes disent que çe ſont dés revenans.

On appéle phoſphore une çhose qui jéte de l'éclat dans l'obſ- curité ; il y a dés phoſphores na-
~~~~~~~~~~~~~~~~~~~~

turéls ét dés phoşphorés artifiçiéls.
Lés phoşphores naturéls şont,
çeux que la nature produit ,
comme lés feux folléts ét lés vèrs
luisants , ou lés poişşons ét lés bois
pourris , qui brillent pendant la
nuit. Lés phoşphores artifiçiéls
şont çeux que lés physiçiéns ét
lés çhimiştes fabriquent par le
şecours de l'art.

Lés philosophes çhèrçhent à
éxpliquér lés effèts dés phoşphores , ç'èst-à-dire , comment il arrive que çés phoşphores rendent
de la lumiére.

~~~~~~~~~~~~~~~~~~

Lés çharlatans féignent de de-
vinér par lés şignes de la main ;
çela ş'appèle l'art de la chiro-
~~~~~~~~~~~~~~~~~~

mançie : ils gagnent de çette manière l'argent dés şots ét dés ignorans.

❧❀❧❀❧❀❧❀❧❀❧❀❧

oin ouin

şe prononçent de même.

Le Marşouin et le Babouin.

Le marşouin ést un gros poisson de mèr, il a un groin comme le coçhon, ausşi le nomme-t-on coçhon marin. Ç'ést le même que lés ançiéns appelaìent dauphin. Lés marşouins paşşaìent pour être grands amis de l'homme au point même d'en prendre şoin dans le besoin, bien loin de lui faire le moindre mal.

Un vaisseau, dans lequel se trouvaient quelques babouins, avait fait naufrage asséz loin du rivage ; lés marsouins s'empréssérent de secourir lés hommes ; il y en eut un qui prit sur son dos un babouin au lieu d'un homme. Quand il fut au point de rejoindre la térre, il demanda à celui qui était sur son dos s'il ne connaissait point le port de Marséille ; le babouin crut qu'en parlant du port de Marséille, le marsouin avait voulu lui parlér d'un homme de cétte ville ; il répondit donc en mauvais baragouin : oui, je le connais, c'ést mon ami.

A cette réponse ridicule, le marsouin tourna la tête, et quand il
vit le visage noir et chaffouin du
babouin, il reconnut sa méprise
et le jeta vite à l'eau, pour aller
joindre et sauver quelqu'homme.
Le pauvre babouin eut bien de la
peine, en nageant des piéds et des
poings, d'arriver à une pointe de
terre dont heureusement il n'était
guère loin. Il n'aurait pas couru
un si grand risque s'il avait au
moins su qu'un port de mer n'est
pas un homme.

Enfans, voilà que vous com-
mencéz à lire, mais pour faci-
litér votre lecture, on a em-

ployé dans çe livre-çi plusieurs
moyéns qu'on n'emploie pas dans
lés livres ordinaires.

Premiérement, oh a mis en
plus petites léttres çélles qui ne
doivent pas être prononçées : lés
livres ne font pas çétte diffé-
rençe, ils écrivent lés léttres qu'on
ne doit pas lire de la même maniére que lés autres ; il faut donc
vous préparér à voir bientôt toutes vos lettres de la même gran-
deur ét vous attachér à reconnaître çélles qu'on ne fait pas §en-
tir, pour être eh état de lés pas-
§ér de vous-même §ans lés dire.

Le méilleur moyén de vous
formér à cétte nouvélle pratique ést de repassér çe que vous

avéz lu jusqu'içi ; mais au lieu de fixér uniquement votre atten-tion sur lés grosses léttres, vous la fixeréz, le plus que vous pour-réz, sur lés petites, en vous rap-pelant qu'élles doivent être aussi grandes que lés autres, comme vous le vérréz par la suite.

En second lieu, on a indiqué par dés signes, la véritable pro-nonçiation dés léttres, ét sur-tout de çélles qui sont susçép-tibles de changér suivant lés mots où élles sont employées. Lés livres ne font présque pas usage de çes signes ; çeux qui font lés livres supposent tou-jours qu'en apprenant à lire vous auréz appris à faire de vous-

même toutes çés diştincţions.
Il faut donc vous attendre encore à voir preşque tous çés şi-
ĝnes şupprimés.

Vous trouveréz peu à peu lés
éxplicaţions lés plus néçéşşaires
à mesure qu'on fera çétte şup-
préşşion, le réşte viendra de lui-
même ét l'habitude vous en apprendra plus que toutes lés
régles.

Dés çe moment, lorşque le
ç ét le ĝ şe trouveront plaçés devant un é, un i, ou un y, on ne
méttra plus şous le ç la petite
marque qu'on appélle çédille ꞵ,
ét on ne méttra plus de point şur
le ĝ, car vous avéz pu remar-

quér que devant un é, ou un i,
c'ést toujours le ç ét le ġ que l'on
emploÿe ; or, puisque çela ést
toujours ainsi, on peut suppri-
mér la çédille ét le point sans que
çela fasse changér la pronon-
çiation. Lors donc que vous
vèrréz çe, çi, ġe, ġi, écrits
sans çédille ét sans point vous
vous rappélleréz que çést un ç
et un ġ dont on a supprimé
le point ét la çédille, ét
vous lés prononceréz toujours
de même, comme dans çés
mots-çi : j'aí mangé dés cerises
parce que j'aí été sage.

On çéssera aussi de méttre
la cédille sous le ş parçe que
cétte léttre şe prononçe prèşque

toujours comme si elle avait la cédille; excepté cependant lors-qu'elle se trouve seule placée entre deux de ces léttres - ci: a, é, i, o, u, y, qu'on appélle voyélles, ou lorsqu'elle est à la fin d'un mot ét que le mot suivant commence par l'une de ces mêmes voyélles : a, é, i, o, u, y; dans ces deux cas, il se prononce comme un z, ainsi que vous alléz voir : vous avéz raison d'être bien aise car on vous aime beaucoup. Il y a quelques excéptions que l'usage vous apprendra, ou qu'on vous fera connaître plus tard.

Avant de supprimer les prin-cipaux signes des autres léttres on va vous faire passér par quelques leçons préparées qui vous donneront de plus en plus l'habitude de bien prononcér les léttres en quéstion ; de manière que vous ne seréz plus embarassés lorsque les mêmes mots se représenteront sans le secours dés signes.

⁓⁓⁓⁓⁓⁓⁓⁓

Leçon particuliére sur lés syllabes :

ail éil il uil ouil euil
aille eille ille uille ouille euille
œil ueil

La chenille ét la papillon.

Cét insécte si désagréable à la vue, qu'oñ appélle chenille, ét ce papillon si légér ét si joli, après lequél on court, ét qu'on voudrait bién attrapér, sont cependant de la même nature, ét quélquefois de la même éspéce; cela paraìt singuliér, ét rièn n'ést plus vraì. Lés papillons font dés œufs que la chaleur du soléil faìt éclore, ét il en naìt, non pas dés papillons, maìs dés chenilles qui se changent par la suite en papillons : c'ést une dés mérvéilles de la nature.

Un papillon étaìt tout brillant dés couleurs saillantes de sés aìles ; il lés déployaìt en évantail, ét volaìt en tourbillon dans lés aìrs, par un beau jour de soléil du mois de juillèt. Il déscendit dans un partèrre émaillé de fleurs ; il y vit une abéille qui recueillàit du miél et de la cire sur lés œillèts ét lés roses ; il y vit aussi une chenille qui soméillàit sous une feuille. A péine jéta-t-il un coup-d'œil sur la chenille, ét il se mit à babillér avéc l'abéille : n'ést-il pas vraì, ma commére, lui dit le sémillant papillon, que nous sommes bién supérieurs à cés insèctes qui rampent sous le cérfeuil, ou qui ont de la péine à s'élevér à un simple groséillér. L'abéille, occupée de son tra-vail, ne daígna pas lui prêtér l'oréille, ét l'auraìt volontiérs piqué de son aíguillon ; maìs la chenille qui s'était réveillée à ses propos indiscrèts, usa de représailles ; elle lui dit : mon beau papillon , il n'y a pas encore long-tems que vous vous êtes dérouillé ét que vous avéz quitté votre viéille dépouille pour prendre cés habits d'émail ét de vèrméil ; je vous conséille donc de ne pas tant méprisér votre famille , ét de ne pas vous enorgueillir d'une chose qui vous raproche de vos funérailles.

La chenille avait raison ; dès le lendemain ce papillon si vain mourut , ét quélque tems après la chenille devint elle-même un beau papillon.

Dorénavant on ne méttra plus de point au-dessous du ḷ, pour indiquér la prononciaṭion qu'il doit avoir dans lés mots qu'on vient de lire; alors on l'appéle un ḷ mouiḷḷé, parce qu'il a le même son que dans ce mot.

~~~~~~~~~~~~~~~~~~~~~~~~~~~~~~~~

Leçon sur le ḥ aspiré.

ḥa ḥé ḥi ḥo ḥu

ḥaì ḥeu ḥau ḥou ḥan ḥon.

Un général fit une ḥarangue à sés soldats pour leur inspirér la ḥardièsse de tentér au ḥasard d'escaladér lés ḥautes murailles d'une ville de Ḥongrie. Sa ḥarangue fut si véhémente qu'il en fit biéntôt autant de ḥéros: déjà on voyaìt brillér le feu du
~~~~~~~~~~~~~~~~~~~~~~~~~~~~~~~~

courage dans leurs yeux hagards, qui étincelaient au milieu de leur visage tout hâlé du soleil; ils prirent à la hâte dés hallebardes ét dés harpons, ét coururent tout haletant, ét se heurtant lés uns lés autres, lés fichér contre la muraille. Ils se haussèrent, se hissèrent, ét malgré lés bayonnétes dont élle était hérissée, ét l'énnemi rangé en haìe, qui lés harcellaìt, ils parvinrent, la hache à la main, au haut du rempart, tous harassés de fatigue. Ils jetèrent alors dés huées ét dés hurlemens si horribles, que l'énnemi épouvanté, malgré la haìne qu'il portaìt au vainqueur, fut contraint d'envoyér un ḥéraut pour obtenir la capitulaṭion la moins ḥonteuse. Oṅ accorda aux habitans de sortir ḥors de la ville, avéc leurs ḥardes, ét avéc défense néanmoins de ne faìre ḥalte qu'au premiér ḥameau, sous péine de la ḥart.

~~~~~~~~~~

On ne méttra plus de points sous le ḥ pour indiquér la prononciaṭion qu'il doit avoir dans lés mots téls que ceux ci-dessus. En voici encore quélques - uns qui se prononcent de même ;

Dés ḥaillons.	Une ḥoulétte.
La ḥalle.	Le ḥoquèt.
Un ḥachi.	Un ḥussard
~~~~~~~~~~

La hanche.	Une housse.
Un hanneton.	Les huguenots.
Un hareng.	La hure.
Des haricots.	Une hutte.
Une harpe.	Un héron.
Un havre-sac.	Une haridélle.
Un hibou.	Du houx.

Leçon sur les Syllabes

gne gna gné gni gno gnu
gnai gnoi gneu gnau gnou
gnin gnan gnon.

L'Agneau et le Cigne.

Un agneau est un jeune mouton, c'est le petit de la brebis. Un cigne est un gros oiseau aquatique , d'une blancheur éclatante, et qui a un cou long comme celui d'une cigogne.

Un jeune agneau tout noir, accompagnait sa mère dans la campagne ; il vit un cigne magnifique qui se baignait dans l'eau : il crut bonnement que ce cigne avait acquis sa blancheur en se baignant ; alors , sans faire le moindre signe à sa mère, qui s'éloignait toujours , parce qu'il craignait qu'elle s'opposât à son déssein , il voulut se baignér aussi ; mais il allait se noyér quand, par un insigne bonheur, un homme qui pêchait à la ligne, le vit qui chèrchait à regagnér le rivage malgré le courant qui l'en éloignait ; il daigna donc le secourir ét le retira du péril. L'agneau remercia ce digne homme , ét rejoignit sa mére , qui lui dit : mon mignon , cét accident vous enséigne à ne rien faire sans l'avis de vos parens. L'agneau, tout résigné , la crut, ét il attendit, pour agir à sa tête, que l'âge l'eût guéri de son ignorance.

On supprimera par la suite le point du gn dans lés syllabes qu'on viént de lire ; mais voici encore quélques mots où le g ét le n se prononcent différemment, c'ést-à-dire , séparément l'un de l'autre, comme dans

g-nome : inexpug-nable, cita-
délle inexpug-nable.

Ig-née , ig-nition ; quélque
chose qui tiént du feu , qui ést
dans un état de feu.

Rég-nicole, habitant naturél
d'un pays, d'un royaume.

Ig-nicoles, peuples qui ado-
rent le feu.

Pro-gné , femme qui fut
changée en hirondélle, suivant
la fable.

Mag-nétique, mag-nétisme,
qui tiént de l'aimant , qui a
rapport à l'aimant.

On dit aussi magnétique ,
magnétisme.

Leçon sur les diphtongues

oi oÿ ay aý uÿ

Lés devoirs dés Rois.

Si vous croÿéz que la vie dés rois soit filée d'or ét de soie, c'ést-à-dire, si vous croÿéz qu'ils la passent dans la joie ét lés délices, ét qu'ils ne soient jamais en proie aux soucis ét aux angoisses, votre croÿance ést une érreur.

Lés rois sont revêtus d'un grand pouvoir; maìs ils ont de grands devoirs à remplir. S'ils s'en acquittent, la gloire viéndra lés payér de leurs travaux, ét, s'ils lés négligent, l'histoire lés attend pour livrér leur mémoire au mépris ét quélquefois à la haìne de la postérité.

Placés dans un poste où chacun peut lés appercevoir, aucune de leurs actions n'échappe aux yeux claírvoyans de leurs contémporains, ét çhacun se croit en droit de lés jugér.

Réspéctér lés droits dés peuples ; maintenir également lés loìs pour tous lés citoyéns ; employér lés hommes suivant le mérite ; pourvoir aux besoins dés malheureux ; prévoir mille événemens à venir ; entretenir lè bon accord avéc lés rois dés pays voisins, par la bonne foi ét la loyauté, ou savoir s'en faíre respecter : voilà les devoirs des rois.

Doit-on maintenant porter envie à la royauté, qui a un si grand poids à supporter, et des devoirs si pénibles et si enuyeux à remplir ?

~~~~~~~~~~~~~~~~

On ne mettra plus dorénavant ni point ni accent sur l'y, parce que les livres n'en mettent pas. Mais rappelléz-vous toujours que cette lettre tient lieu d'un i, et plus souvent encore de deux, suivant les mots où elle est employée.
~~~~~~~~~~~~~~~~

Leçon sur lés syllabes

çhe çha çhé çhi çho çhu
çhaí çhoì çheu çhau çhou çhoi
çhan çhin çhon.

Lés animaux que lés hommes consèrvent dans leurs maisons, comme lés çhiens ét lés çhats, ou ceux qu'ils tiénnent dans leurs écuries, comme le çheval, la vaçhe, la çhèvre ét le coçhon, vivaient autrefois dans lés forêts. Lés hommes en ont pris quelques-uns qu'ils ont apprivoisés ; ceux-ci se sont multipliés, ét voilà l'origine de tous ceux que nous voyons. On a donné à ceux-ci le nom d'animaux domestiques, pour les distinguér dés autres, qu'on appélle animaux sauvages.

***

Le Chièn sauvage ét le Chièn doméstique.

Un chièn doméstique s'étaìt égaré dans lés champs ; il chérchaìt à retrouvér la maìson de son maìtre, quand il rencontra sur son chemin un chièn sauvage d'une chétive apparence. Celui-ci fit à l'autre dés complimens sur sa bonne santé : rièn ne vous empêchera d'être bièntôt aussi gras que moi, répondit aussitôt le chièn domés-

tique, touché de l'état de mi-
sère où il voyait le chien sauvage ; vous n'avéz qu'à venir
chéz mon maître, qui est riche,
il vous chérira, et vous fera
faire bonne chère ; nous couche-
rons ensemble dans le chenil,
et nous vivrons sans inquiétude
ni chagrin ; au lieu que vous
êtes sans césse exposé au chaud
et au froid ; point d'abri pour
vous cachér quand il pleut ;
point d'endroit pour vous sé-
chér quand vous êtes mouillé ;
toujours chérchant votre vie par
voie et par chemin , avéc la
chance de mourir de faim à chaque instant. Allons, marchons,
dit le chien sauvage, charmé de

cette invitation franche et ami-
cale, j'ai réfléchi, mon choix est
fait, et je vous suis. Déjà ils appro-
chaient du logis, lorsqu'il vit le
cou de son camarade qui était un
peu écorché. Qu'avez-vous donc
là, lui dit-il ? C'est peu de chose,
répondit l'autre ; le coliér avéc
lequel je suis quélquefois attaché, aura causé cette légère
écorchure. Comment! attaché,
s'écria le chien sauvage, oh ! je
ne veux plus de votre bonne
chère, et j'aime mieux vivre
comme je pourrai de ma chasse
et de ma pêche ; en disant
ces mots, il s'échappa à travers champs et on ne le revit
plus.

Le chien sauvage avait raison, il vaut mieux être moins riche et se contenter de peu de chose que d'avoir obligation aux autres de sa vie et de sa subsistance ; mais aussi il faut savoir et vouloir travaillér.

Nous ne méttrons plus de cédille sous le çh, parce que c'ést la règle de le prononcér en français comme dans la fable qu'on vient de lire. Il y a cependant dés mots où il faut le prononcér, comme dans chorus. En voici quélques-uns :

Chaos, désordre ét confusion ;
Écho, répéfition de son ;

Archange, créature céleste ;

Catéchumène, celui à qui l'on apprend sa religion ;

Chorévêque, celui qui fait les fonctions d'évêque ;

Eucharistie, le Saint-Sacrement.

Michel - Ange, peintre célèbre.

Toutes les fois que ch est suivi d'un r, ou d'un l, alors il n'y a plus de doute, et il se prononce toujours comme dans chrétien : tels que chronologie, chronique, qui a rapport au tems, aux années ; Christophe, nom d'homme ; le saint chrême, huile sacrée.

Chlamide, espèce de manteau des anciens ; Chloris , Chloé, noms de femmes : qui s'écrivent aussi sans h ; Cloris , Cloé.

Leçon sur les syllabes

tie tia tien tien tion
bien cien dien fien gien
lien mien nien pien rien
sien tien vien zien

Il est bien essentiel que vous apportiéz toute votre attention aux régles qu'on vient de vous donnér comme à célles qui viendront par la suite. Rien ne convient mieux que l'application et la patience ; c'est par leur moyen qu'un enfant parvient biëntôt à donnér à sés maîtres la satisfaction de le voir lire avéc l'approbation de tous ceux qui l'entendent. Cela doit piquér son émulation, maìs si au contraìre, il réste dans l'inértie, ét s'il ne s'entretiént que de bagatélles ét de minuties, il ne parviéndra jamaìs à riën de biën, ét montrera partout son impéritie ét son ignorance.

On ne méttra plus de cédille sous le ʓ, ni de point sur l'e pour indiquér leur valeur. Voici quélques mots qui doivent être prononcéz comme ceux que vous venéz de lire :

Partiél, partial, action, acţionnér, ambiţieux, insaţiable, prophéţie, sédiţion, sédiţieux, facéţie, facţieux.

Combièn, ancièn, gardièn, argièn, lièn, mièn, soutièn, Européèn, Cananéèn, Pémbœuf, Mémphis, péntatheuque, péntagone, péntamètre.

Jusqu'ici nous avons marqué par dés accents tous lés e sonores, è, é, é; il y en a un grand nombre que lés livres n'accentuent pas, comme : més, tés, cés, dés, lés, ét, ést, ésprit; alléz, venéz, couréz, liséz, aímér, donnér, jouér; hèrbe, concèrt, ouvèrt, enfèr; tous cés mots, ét autres semblables, s'écrivent sans accents ; nous en supprimerons d'abord quelques-uns.

~~~~~~~~~~~~~~~~~~~~~~~~~~~~~~~~

Leçon sur les syllabes

aí aì.

é è.

Dans les premiers jours du mois de maí, j'allaí prendre le fraìs à la campagne, pour jouir de la belle saìson, je rencontraí un petit savoyard qui allaìt gaíment son chemin. Je l'abordaí, le questionnaí et lui demandaí d'où il venaìt, où il allaìt, et s'il avaìt beaucoup d'argent. J'en aí peu, me dit-il, mais aussi je saís me passer de peu. Je viens de
~~~~~~~~~~~~~~~~~~~~~~~~~~~~~~~~

la Savoie, et je vais à Paris : là, j'en gagnerai, j'espère, plus que je n'en dépenserai ; je rendrai de petits services, je ferai des commissions, je serai très-exact et très-fidèle ; je me ferai aimer de quelques bonnes gens qui m'aideront ; puis, quand je serai grand, je travaillerai d'une manière plus utile ; mais je n'oublierai jamais mes pauvres parens, et je leur ferai passer mes épargnes de tems en tems, ou je les leur porterai moi-même.

J'admirai cet aimable enfant, qui dans un âge si tendre, et dans une situation si peu aisée, montrait tant de raison et de courage ; j'augmentai sa petite bourse de quelques pieces de monnaie que je lui donnai de bien bon cœur, et je le laissai aller en lui souhaitant toutes sortes de prospérités.

On ne mettra plus d'accent sur l'i de ai, de quelque manière qu'il se prononce, parce que les livres n'y font point de différence. L'usage vous apprendra ce qu'il vous reste à savoir à cet égard.

Il ne nous reste plus à supprimer que la cédille du ҳ, et l'accent du ṅ, pour ne plus avoir de signes superflus.

Le ҳ conserve ordinairement sa prononciation naturelle comme dans les mots suivants : axe, fixe, sexe, Alexandre, extrême, stix, larinx, perplex ; il sonne comme gz, lorsque le mot commence par ex, et qu'il est suivi d'une voyelle, le h ne comptant pour rien : examiner, exemple, exiger, exotique, exhumer ; il sonne de même au commencement de quelques mots : Xavier, Xutas, oiseau étranger.

Quant au n, il doit toujours sonner dans les nazales en, on, un, lorsqu'elles sont suivies d'une voyelle : un ami, en avant, on a vu ; il sonne aussi à la fin de quelques mots, lorsque ces mots doivent se lire tout de suite avec le mot suivant : bien entendu, bon enfant, certain auteur ; mais il ne sonne pas dans ; son bien

est en friche, ce moyen est ex-
cellent, du vin à douze sous,
ce pain est bon à manger.

Nous allons vous donner quelques leçons sur la nature et la
division des lettres ; sur les accents, et les autres signes de
prononciation et de lecture ;
mais avant d'y passer, relisez
tout ce que vous avez lu depuis
la page 48, et faites bien attention à tous les signes supprimés,
car on n'emploiera plus dorénavant que ceux qui restent dans
les livres.

DES LETTRES.

TOUTES les lettres dont vous avez appris à connaître les différentes valeurs se réduisent à vingt-cinq. On va les classer suivant leur ordre habituel ; il est nécessaire que vous les sachiez nommer par cœur de cette manière , parce que c'est l'ordre que l'on suit dans les livres, et parce qu'on se sert quelquefois des lettres, dans cet ordre, au lieu de chiffres.

Mais comme il n'est plus ici question que de leur assigner des noms convenables, et qu'il ne faut pas donner le même nom à deux lettres différentes , nous changerons quelque chose à la prononciation que nous avons adoptée d'abord. Nous donnerons donc au C le nom de Cé pour le différencier

(77)

du s; nous dirons gé, pour qu'on ne le confonde pas avec le j ; ka, pour que cette lettre ne sonne pas comme le q.

Quant au h, il faut que vous sachiez qu'on l'appelle une ache ; mais comme cette dénomination est absurde, et que cette lettre n'a jamais une valeur bien sonore, nous continuerons à dire he. Enfin, l'y, qu'on nomme i grec, se nommera ii, attendu qu'il a très-souvent la valeur de deux i dans le français, et qu'il nous importe fort peu que ce soit une lettre grecque ou chinoise.

Suivez ces indications en nommant les lettres ci-après :

a be cé de é fe gé he i je
ka le me ne o pe que re
se te u ve xe y ze.

Répétez souvent ces lettres dans cet ordre, et prononcez de même les suivantes :

MAJUCULES.

A B C D É F G H I J K L M N
O P Q R S T U V X Y Z.

Lettres italiques.

*a b c d é f g h i
j k l m n o p q r
s t u v x y z.*

MAJUSCULES.

*A B C D É F G H I J K L M N
O P Q R S T U V X Y Z.*

Lettres manuscrites.

Batardes.

a b c d é f g

h i j k l m n o p

q r s t u v x y z.

Majuscules Batardes.

A B C D E F

G H I J K L

M N O P Q

R S T U V X

Y Z.

Ronde.

a b c d é f g h i

j k l m n o p q

r s t u v x y z.

Majuscules Rondes.

A B C D É F G H I

J K L M N O P Q R

S T U V Y X Z.

Il se présente quelquefois des lettres liées ensemble ; les voici avec leur prononciation :

Romaines.			Italiques.		
é	é	v.	é	é	v.
æ	œ	w.	œ	œ	w.
Æ	Œ	W.	Æ	Œ	W.

Les lettres se divisent en voyelles et en consonnes : il y a six voyelles, qui sont : *a, é, i, o, u, y;* on les nomme voyelles parce qu'elles représentent à elles seules une voix, ou un son, ou parce que la voix seule suffit pour les rendre : *a, é, i, o, u, y.*

Les autres lettres s'appellent consonnes, parce qu'elles ne peuvent sonner, ou former un son, qu'en se réunissant aux voyelles, ou parce qu'on ne peut les articuler sans mouvoir la langue ou les dents ou les lèvres, etc. : quand nous disons *b, c, d,* nous prononçons comme s'il y avait un *e* placé après : *be, ce, de,* ou *bé, cé, dé,* et l'on sent un mouvement de lèvres ou de langue, etc.

DES VOYELLES.

Les voyelles sont longues ou breves , c'est-à-dire qu'on doit les prononcer longuement ou brièvement. Lorsqu'elles sont longues, elles sont ordinairement marquées d'un signe qu'on appelle accent circonflexe, ou accent long (^); â, ê, î, ô, û : Un âne bâté. Bête à grosse tête. Nous vîmes le gîte. Quel rôle est le vôtre ? Une bûche qui brûle.

Il y a cependant quelques voyelles qui doivent être prononcées longues, quoique non marquées de l'accent long : ame, trefle, empire, rose, tortue.

Il y a deux espèces d'e ; l'e sourd ou muet, et l'e sonore. L'e muet se fait à peine sentir ; comme dans *faire*

(83)

la juste mesure : on pourrait dire de même sans e : *fair la just msur.*

Quand l'e sonore est marqué d'un accent qui descend de droite à gauche , en cette maniere (´), et qu'on appelle accent aigu, ou accent fermé, l'é se prononce la bouche presque fermée , comme dans *vérité, révéré,* et on l'appelle é fermé. Mais tous les é fermés ne sont pas marqués de l'accent fermé , car souvent on ne met point d'accent lorsque l'é se trouve à la fin des mots , et qu'il est accompagné de quelques lettres : *donnez-moi la clef. Un pied de nez. Amis, vous savez qu'il faut travailler. Boulanger, cordonnier, chapelier, sont tous ouvriers dont on en peut se passer. Pêchers, poiriers, pomiers , sont des arbres fruitiers.* Voilà des é fermés sans accents.

Quand l'e sonore est marqué d'un accent qui descend de gauche à droite

(`\`), et qu'on appelle accent grave, ou ouvert, cet è se prononce la bouche bien ouverte, comme dans *le succès d'un procès. Après son accès de fièvre ;* et il s'appelle è ouvert.

Il en est de cet è comme du précédent ; il n'est pas toujours marqué de l'accent ouvert ; et en voici quelques-uns où les livres ne mettent point d'accent :

Ils se sont couverts de gloire. Il fait des vers. Les serres d'un aigle. Un ver de terre. Des hommes pervers.

Enfin, l'e sonore peut n'être pas ni aussi fermé que dans *révéré*, ni aussi ouvert que dans *procès* ; alors c'est un *e* moyen qu'il faut prononcer en ouvrant la bouche plus ou moins médiocrement, comme dans *il espere.* C'est celui que nous avons marqué de l'accent perpendiculaire ou moyen, c'est-à-dire, qui descend en ligne directe sans aller ni à droite ni à gauche.

Les livres n'emploient jamais cet accent ; ils se servent quelquefois à la place de l'accent ouvert ; mais il ne faut pas s'y tromper en lisant, et ne pas prononcer avec une trop grande ouverture de bouche : *Cette mère est le modèle des mères ; elle élève ses enfans avec beaucoup de zèle.*

L'accent grave se trouve aussi quelquefois placé sur d'autres voyelles ; mais c'est pour indiquer le sens et non la prononciation : *Où a-t-il été ? Il a été à Paris, ou à Versailles.*

DES CONSONNES.

Les consonnes ne portent jamais d'accent. Le *j* seul conserve toujours un point, et le *ç* retient la cédille

quand il doit se prononcer doux de-
vant *a*, *o*, *u* : *façade*, *français*, *per-*
çons, *commençoit*, *reçu*, *perçu*.

La règle générale est que les consonnes finales, c'est-à-dire, qui sont
à la fin des mots, ne se prononcent
que très-rarement; mais cette règle
générale a aussi son exception générale : c'est que les consonnes finales
doivent sonner lorsque le mot suivant
commence par une voyelles, encore
faut-il pour cela que les deux mots
se lisent tout de suite : *Vous*, *vous*
avez. Bientôt, bientôt après. Blanc, blanc
ou noir. Trop, *trop étourdi. Donner,*
donner un ordre. Venez, *venez ici*, etc.

C'est ce qu'on appelle liaisons, parce
que les mots se prononcent comme s'ils
étaient liés ou réunis : *Vous avez,*
vousavez. Bientôt après, *bientôtaprès.*

Une autre règle sur les consonnes;
c'est que lorsqu'il s'en trouve deux

semblables employées de suite dans le corps d'un mot, ce qu'on appelle alors consonnes redoublées, on ne doit jamais les prononcer toutes deux bien distinctement ; mais on doit cependant faire quelquefois sentir qu'il y en a deux : *addition* , *immortel* , *illustre*. Rappellez-vous ici de ce que nous avons dit du *g* et du *c* , devant l'*e* et devant l'*i*, ils doivent sonner comme dans *ici, juger.* Partout ailleurs ils ont le son dur : *Tic-toc, zig-zag.* Ainsi, quoique *suggérer* , *succès* , présentent en apparence chacun deux lettres semblables, ce sont deux lettres différentes qui se prononcent séparément et différemment l'une de l'autre : *sug-gérer , suc-cès.*

On voit souvent entre une consonne seule, et le mot qui vient après, lorsqu'il commence par une voyelle , un signe qu'on nomme apostrophe (').

Ce signe indique la suppression d'une voyelle, et il indique aussi que la consonne n'appartient pas au mot suivant, quoiqu'elle doive se lire avec lui :

L'arme de mon père est dans sa chambre ; je l'irai prendre. C'est comme s'il y avait, *la arme de mon père est dans sa chambre ; je la irai prendre.* Mais cette manière de lire serait dure ; on retranche l'*a* et on met à la place l'apostrophe, car, sans apostrophe , *larme* serait écrit comme *larme*, pleurs ; et je *lirai* prendre , comme je *lirai* un livre.

~~~~~~~~~~~~~~~~~~~~~~~~~~~~

LETTRES DOUBLES.

Nous venons de considérer les lettres sous le rapport de lettres simples, parce que chacune d'elle suffit seule pour indiquer le son qu'elle représente ; mais il y a aussi des lettres doubles, ou composées. On appelle ainsi des lettres qui ont besoin d'être réunies
~~~~~~~~~~~~~~~~~~~~~~~~~~~~

pour représenter un son unique qui résulte de leur réunion. Ces lettres doubles, ou lettres composées, se divisent
aussi en voyelles et en consonnes; voici
les voyelles telles qu'elles sont écrites
dans les livres :

ai au eu oi ou.

an en in on un.

Ces dernières, qu'on appelle nasales, parce qu'elles se prononcent
du nez, sont quelquefois écrites par
un *m* : *am*, *em*, *im*, *om*, *um*.

Voici les consonnes : *ch*, *gn*, *ph*,
gh, *rh*, *th*.

Tout ce qu'il y a à observer sur les
consonnes composées, c'est qu'elles ne
sont presque jamais nulles, c'est-à-
dire qu'elles doivent toujours se faire
entendre dans la lecture; ainsi, le *t*
simple sonne très-rarement quand il
est final, mais il sonne dans *luth*, *zé-
nith*; cependant *ch* est nul dans *alma-*

nach ; appelez-vous qu'il y a deux manières de prononcer *ch* et *gn.*

Les voyelles composées sont susceptibles d'admettre dans leur composition plus de lettres que nous n'en avons marquées, mais ces lettres de surcroît sont nulles, et par conséquent ne doivent pas être comptées : *Un bateau qui vogue sur l'eau ; du pain sec suffit quand on a faim,* se prononcent comme s'il y avait un : *Un batau qui vogue sur l'au ; du pin sec suffit quand on a fim.*

Les voyelles doubles sont plus ordinairement longues que breves, et ne sont que rarement marquées de l'accent long : les nasales même, qui ne sont jamais breves, n'en sont jamais marquées. C'est particulièrement après les voyelles composées que les consonnes ne doivent pas se faire sentir, à moins toujours qu'il ne suive une voyelle et que les mots ne se lisent de suite.

La voyelle composée *ai*, est susceptible de toutes les modifications de l'*e*. Vous avez déjà vu quand elle se prononce comme l'*é* fermé et comme l'*è* ouvert. Elle a aussi la valeur d'un *é* moyen, comme dans *aisselle*, *vaisseau*, *parfaitement*, *raison* ; et enfin, *ai* a le son sourd de l'*e* muet dans *faisant*, nous *faisons*, je *fairai*, je *faisais*. On trouve même ces mots écrits par un *e* muet : *fesant*, nous *fesons*, je *ferai*, etc.

Il arrive quelquefois que la voyelle *eu* se trouve retournée, et se présente ainsi : *ue*, cela arrive lorsqu'elle est précédée d'un *g* ou d'un *c*, qui doivent être prononcé avec le son dur : *cueillir*, *orgueil*, etc.

La voyelle nasale *en*, se prononce tantôt comme *an*, *entendement*, tantôt comme *in*, *lien*, *bienfait*. Quant elle se prononce comme *in*, elle est ordinairement précédé d'une voyelle, et surtout d'un *i* : je *viens*, il *soutiendra*, il *obtient*.

Quand *oi* sonne comme dans *moi*, *toi*, *loi*, ce n'est plus une voyelle composée, parce que l'on entend deux sons, et que ce qui constitue une lettre, soit double, soit simple, c'est de ne rendre qu'un son unique. On lui donne alors un nom assez bisarre, on l'appelle *diphtongue*. La diphtongue est la réunion de deux sons qui se prononcent en un seul tems. Quand nous disons : *moi*, *toi*, *loi*, nous disons comme s'il y avait *moè*, *toè*, *loè* ; ou encore comme *moa*, *toa*, *loa*, si on veut donner de l'importance à ce qu'on lit ; et, de ces deux manières, on entend toujours deux sons : *moè*, ou *moa*.

Il y a beaucoup de diphtongues dans notre langue : *bien, dieu, liard, vieux, lui*, contiennent des diphtongues, parce que l'on entend le son de deux voyelles, lesquelles cependant se prononcent en un seul tems : *bien, dieu, vieux, liard, lui* ; mais il n'en pas ainsi dans *lien, odieux, il lia, envieux, ruine* ; ici les voyelles se prononcent séparément : *li-en, odi-eux, il li-a, envi-eux, ru-ine.*

Il suffit de vous donner ces notions générales, et de vous avertir de ces nuances, pour que vous vous exer-ciez à les saisir dans le besoin.

Lorsqu'il se présente une réunion de voyelles simples, qui les ferait prendre pour des voyelles compo-sées, et que cependant l'une d'elles est marqué de deux points, qu'on appelle tréma, ou qu'il y a un *h* placé entre deux, alors ces voyelles doivent se prononcer séparément l'une de l'autre, c'est-à-dire qu'elles conservent leur son primitif de voyelles simples. L'accent aigu sur l'*é* tient lieu de deux points : la *haire*, *haïr*; *traire*, *trahir*; *américain*; *Caïn*, *cahin caha*; *moisi*, *Moïse*; *proie*, *prohiber*; *coin*, *coincy*, *coïncider*; *tous*, *Pirithoüs*; *cou*, *cohue*; *jeu*, *Jehu*; *heureux*, *réussir*; *Paul*, *Saül*; *beau*, *bahut*; *baume de copahu*; *peau*, *préau*; *geolier*, *géographie*; *dehors*; *figue*, *ciguë*; *narguoit*, *argüoit*; *nous*, *Alcinoüs*.

PONCTUATION.

Tout ce que nous venons de dire regarde la prononciation des mots. Il reste à parler des signes qui en indiquent le sens et le repos : on les appelle signes de *ponctuation*, et ils se placent après les mots. Les voici : la *virgule* (,) ; le *point-virgule* (;) ; les *deux points* (:) ; le *point* (.) ; le *point d'admiration* (!) ; le *point d'interroga-tion* (?) ; le *trait d'union* ou *division* (-) ; la *parenthèse* ( ).

Quand il y a une virgule après un mot, on s'arrête un peu ; quand il y a une virgule et un point, on s'arrête d'avantge ; puis d'avantage encore, quand il y a deux points ; enfin ou s'arrête tout court quand il y a un point. Alors on reprend haleine et du repos tout à son aise avant de conti-nuer : voici un exemple de ces quatre nuances.

Enfans , suivez les conseils que je vais vous donner : soyez bons , doux , honnêtes ; c'est ce qui doit passer avant tout : ensuite songez à vous instruire.

Plusieurs points de suite (....) an-noncent de l'irrésolution , et les diffé-rentes sensations qu'on éprouve.

Voilà maman sortie…… Si je prenais du sucre dans le sucrier…. Oh ! oui, mais ne s'en apercevra-t-elle pas….? Elle me gronderait…. Réflexion faite, j'aime encore mieux m'en passer.

Lorsqu'il y a un point d'admiration, ou un point d'interrogation, il faut lire de manière à faire sentir l'étonnement et l'interrogation : *Oh ! bon dieu, comme vous voilà tristes ! Que vous est-il donc arrivé ?*

Lorsque le trait trouve placé entre des mots, mais sans virgule ni point, il indique que ces mots doivent se prononcer ensemble, comme s'ils n'en fesaient qu'un : *arc-en-ciel, passe-partout, chef-d'œuvres.* Dans ce cas-ci, le trait s'appelle trait d'union ; mais lorsque le trait est un peu plus long (—), et qu'il se trouve placé entre des mots après lesquels il y a déjà un point quelconque, c'est au contraire un trait de division, et il annonce que c'est une autre personne qui parle ; il faut donc en lisant, faire sentir cette différence de personnages :

Émile, voulez-vous lire? — Oui, mon papa. — Mais quand donc ? — Tout à l'heure. — Venez lire à présent. — Oui, mais quand j'aurai lu, vous me laisserez jouer. — Je vous le promets.

Enfin, il y a la parenthèse : ce sont deux crochets [ ], ou deux demi-cerles ( ) entre lesquels on a placé quelques mots qui suspendent le récit, pour donner quelqu'explication nécessaire. Il faut lire les mots renfermés dans la parenthèse avec une nuance beaucoup plus forte que s'ils étaient entre deux virgules.

Vous travaillerez (C'est Dieu qui parle au premier homme.) *et vous gagnerez votre vie à la sueur de votre front.*

Faites bien attention que les signes de la ponctuation, qui exigent des pauses plus ou moins sensibles, exigent encore d'avantage des inflexions de voix différentes.

Il convient que vous relisiez plusieurs fois , mais à diverses reprises , pour ne pas trop vous fatiguer , tout ce que nous avons dit depuis la page 76. Alors vous serez en état de passer à la lecture courante qui va suivre. Elle contient l'explication de quelques-unes des figures de votre livre. On a supposé que les autres vous étaient assez connues et assez familières pour n'avoir pas besoin d'être expliquées.

EXPLICATIONS

DE QUELQUES GRAVURES.

Tout est merveille dans la nature, quand on veut l'examiner avec un peu d'attention. La plupart des petits animaux ont des trous où ils se cachent quand ils veulent dormir. L'escargot au contraire, porte toujours sa maison sur son dos, et il s'y retire tout entier quand cela lui plaît. Ce n'est pas en cela seul qu'il est extraordinaire : il a quatre yeux qui sont comme autant de lunettes d'approche qu'il roule et déroule sur elles-mêmes, et qu'il fait ainsi sortir ou rentrer dans sa tête à volonté ; c'est ce qu'on appèle ses cornes, deux grandes et deux petites : il les porte à droite, à gauche ; en avant, en arrière ; il les alonge ou les racourcit pour reconnaître et même toucher les objets qui l'environnent. L'escargot n'a point de pattes et cependant il peut monter sur les arbres, il peut escalader les murs d'un jardin ; cela vient de ce que son corps est gluant, et qu'ainsi en se traînant il se colle et s'attache aux objets qu'il touche, à mesure qu'il avance : il est vrai qu'il lui faut beaucoup de tems pour faire du chemin ; mais on vient à bout de tout avec de la patience.

———————

La pie est un oiseau noir et blanc, de la famille du corbeau. On en prend de jeunes dans le nid : on les élèves et on leur apprend à parler comme aux perroquets. Voilà pourquoi on dit d'une petite fille qui parle trop, qu'elle est causeuse ou babillarde comme une pie.

Les pies aiment beaucoup à béqueter tout ce qui brille, comme des pièces de monnaie, des bijoux d'or et d'argent ; quelquefois même elles les avalent et plus souvent elles les cachent.

Il est arrivé une fois qu'une pie avait emporté des couverts d'argent, et les avait si bien cachés qu'on ne pouvait savoir ce qu'ils étaient devenus. La servante de la maison fut accusée de les avoir volés; on l'avait déjà mise en prison, et on était sur le point de la faire punir, quand, par un grand bonheur, on retrouva les couverts. Cette pauvre servante fût bien contente, et on en tua cette méchante pie, qui avait été la cause de cette méprise. Cela fait voir au surplus, que lorsqu'on perd quelque chose, il ne faut jamais accuser personne avant d'être bien sûr.

Une île est une portion de terre entourée d'eau de tous côtés. Ainsi, il peut y avoir des îles dans les rivières, dans les lacs, dans les étangs; mais les plus considérables se trouvent dans la mer, et il y en a effectivement qui sont aussi grandes que les plus grands royaumes.

Quand vous lirez l'histoire de Robinson Crusoé, c'est là que vous apprendrez à savoir ce que c'est qu'une île : le vaisseau sur lequel il était ayant fait naufrage, lui seul parvint à s'échapper avec un chien qui devint son compagnon fidèle. Il se retira dans une île inhabitée; il y bâtit une maison; il fit un jardin; il sema du blé; il prit et apprivoisa des animaux, et il lui arriva bien des aventures qui vous divertiront beaucoup.

L'urne est un vase d'une forme antique, qui n'est plus aujourd'hui qu'un meuble de parade. Les anciens peuples s'en servaient à bien des usages, et notamment pour mettre les cendres des morts : car, il faut que vous sachiez qu'au lieu d'enterrer leurs morts, comme on fait aujourd'hui; ils les brûlaient assez souvent en grande cérémonie, sur des bûchers qu'on préparait exprès. Vous voyez par là que dans tous les tems, et dans tous les pays, il a fallu mourir; c'est une destinée inévitable qui nous est réservée à tous : ainsi, puisqu'il faut mourir, tâchez donc d'être heureux autant que vous le pourrez pendant le tems que vous avez à vivre. Le vrai moyen d'être heureux, c'est d'être bien sage. Un enfant, par sa bonté et par sa sagesse, se fait aimer et chérir, estimer et considérer de ses père et mère, de ses maîtres et de ses camarades. Que lui manque-t-il alors pour être heureux ? S'il continue à se bien comporter quand il est grand, il en retire les mêmes avantages.

Il y a eu autrefois neuf sœurs, qui toutes se sont beaucoup appliquées à étudier, et se sont rendues illustres par leurs talens. Quand elles ont su bien lire et bien écrire, car il faut toujours commencer par là, l'une a appris à danser, une autre à jouer d'un instrument ; celle-ci s'est livrée à la peinture, et cette autre à l'histoire. Ces neuf sœurs s'appelaient les muses. Uranie en était une. Celle-ci a fait sa principale étude de l'astronomie, c'est-à-dire, qu'elle a étudié le cours des astres, comme de la lune, du soleil, des étoiles.

Vous savez bien que l'été les jours sont beaux, longs et qu'il fait bien chaud; tandis que l'hiver, les jours sont courts et obscurs, et qu'il fait bien froid. Quand on sent le chaud ou le froid, on devine bien qu'on est dans l'été ou dans l'hiver; mais dans combien de jours sera-t-on dans l'hiver ou dans l'été? C'est ce qu'on ne pourrait pas savoir si on n'avait pas bien compté et bien examiné combien il se passe de jours entre l'hiver et l'été, ou entre l'été et l'hiver. C'est cette étude qu'on appelle astronomie, et à laquelle s'appliquait Uranie.

⁓⁓⁓⁓⁓⁓⁓⁓⁓

Une quenouille est un bâton léger, ordinairement un roseau garni, par un bout, de chanvre ou de lin préparé que l'on file par le moyen d'un fuseau. C'est de toutes les manières de filer la plus ancienne et la plus simple; mais ce n'est ni la plus commode ni la plus expéditive. Dans quelques pays, on se sert pour faciliter ce tra-vail, d'un petit instrument de cuivre ou autre métal, en forme de tire-bouchon, qu'on appèle tie (prononcez cie), et que l'on ajuste au bout du fuseau ; alors le fil se roule de lui-même autour du fuseau, ce qui avance beaucoup la besogne (1).

Toutes les étoffes, tous les draps, toutes les toiles qui servent à nos vêtemens, à nos meubles, sont composées de fils entrelacés et réunis ensemble. Les unes sont de laine, et la laine c'est le poil des moutons que l'on tond toutes les années : les autres sont de soie, et la soie vient d'une chenille qu'on appelle ver à soie, et que l'on élève exprès dans les maisons ; d'autres sont de coton : le coton vient sur une plante ou arbrisseau qu'on appelle cotonier. Enfin, il en est de chanvre et de lin ; c'est l'écorce ou la peau forte et flexible de deux plantes que cultive dans les champs ou les jardins de ce pays.

---

(1) *Voyez* le dictionnaire de Trévoux, au mot THIE, et le dictionnaire des Rimes, aux terminaisons en CIE. On a cru pouvoir supprimer le H.

Le denier était la plus petite pièce de notre monnaie en usage autrefois. Il fallait trois deniers pour faire un liard, quatre liards pour faire un sou, et vingt sous pour faire une livre. Aujourd'hui, on ne parle plus de deniers ; ils ont été remplacés par les centimes : il faut cinq centimes pour faire un demi-décime qui vaut un sou, et dix centimes pour faire un décime qui vaut deux sous ; enfin, il faut dix décimes pour faire un franc qui vaut un peu plusqu'une livre.

Tout ceci n'est pastrès-agréable à lire, mais c'est nécessaire à savoir.

***

Kilogramme est un terme adapté aux nouveaux poids dont on se sert pour peser ce qu'on vend ou ce qu'on achète. La France est un grand pays gouverné par les mêmes lois ; ainsi, il faut qu'il y ait par tout les mêmes poids et les mêmes mesures. Cela n'était pas ainsi il y a quelques tems. Quand on parlait d'une livre de café, il fallait savoir si c'était une livre de Marseille, ou de Lyon, ou de Paris, parce que dans chaque ville il y avait quelque différence en plus ou en moins. Cela faisait une confusion et un désordre qui était difficile à débrouiller. On a donc bien fait d'y remédier : cependant il y a beaucoup de personnes qui ne peuvent s'habituer aux nouveaux poids et aux nouvelles mesures, malgré tous leurs avantages. C'est aux enfans d'aujourd'hui qu'il est réservé de faire triompher le nouveau systême ; comme ils n'ont point d'habitudes, ni de préjugés contraires, ils seront un jour bien étonnés quand ils sauront que leurs pères s'y sont montrés si peu disposés.

~~~~~~~~~~~~~~~~

Il est bien essentiel que les petits garçons et surtout les petites filles aient grand soin de se tenir toujours propres, et de ménager leurs habillemens. La négligence à cet égard est une marque d'insouciance et de paresse, et quand une fois on y est
~~~~~~~~~~~~~~~~

habitué, il devient bien difficile de s'en corriger. C'est comme ça qu'on commencé ces vilaines femmes sales et déguenillées qui courent çà et là sans rien faire, et auxquelles on donne avec raison le nom de guenippes. Mais il faut bien les distinguer des femmes pauvres, malades ou âgées, qui ne peuvent travailler ; celle-ci méritent autant notre compassion que les autres notre mépris.

La huppe est ainsi appelée parce qu'elle a sur sa tête une touffe de plumes qu'elle fait mouvoir à volonté, et qu'elle déploie ou ressere comme un évantail. Cette touffe se nomme de même une huppe ou aigrette.

Cet oiseau est d'un plumage bigarré, assez joli, mais il passe pour avoir des inclinations et des habitudes dégoûtantes. On prétend même qu'il fait son nid dans l'ordure et la vilenie, et delà vient que l'on dit de quelqu'un qui est mal-propre, qu'il est sale comme une huppe.

Les nègres sont des hommes noirs de quelques régions d'Afrique : on leur donne quelquefois le nom de Maures.

Ce ne sont pas les seuls peuples qui diffèrent de notre couleur ; il y a des hommes jaunâtres ; il y en a d'olivâtres, et de couleur de cuivre, avec bien d'autres nuances. Mais la couleur n'y fait rien ; ce sont des hommes. Il ne leur manque peut-être que l'éducation pour nous égaler ou nous surpasser dans les sciences et les arts, comme quelques-uns l'ont fait autrefois.

On reproche aux nègres d'être par fois farouches et cruels ; mais encore une fois, c'est le défaut d'éducation, ou l'effet de quelques circonstances ; et ceux qui leur font ces reproches n'ont qu'à regarder toutes les nations qui se disent civilisées, à quel qu'époque de leur histoire, alors il seront plus circonspects dans leurs accusations.

Le zèbre est un animal sauvage, de l'espèce des ânes ; il ressemble beaucoup au mulet par sa taille et sa figure : quant à sa peau, elle est agréablement traversées de raies noires sur un fond blanc, ce qui fait qu'on reconnaît un zèbre à la première vue.

S'il tient du mulet par sa forme, il y tient encore davantage par son entêtement et son indocilité, car on ne fait pas toujours d'un mulet tout ce qu'on veut. Il en est de même du zèbre. On en a pris de forts jeunes qu'on a voulu apprivoiser, mais il n'a jamais été possible de les assujétir au joug et à l'obéissance. On les a donc abandonnés dans leurs vastes forêts où ils vivent fort à leur aise, et où ils n'ont pas lieu de regretter les coups de fouets et les coups de bâtons avec lesquels on ne conduit que trop souvent les autres animaux, que nous avons trouvés plus traitables et plus sociables, et qui se sont laissés apprivoiser.

Un petit garçon, qui revenait de l'école, aperçut deux chiens qui se regardaient de travers, et qui grondaient entre leurs dents. Lui, qui ne se plaisait qu'au mal, et qui aimait fort à voir des chiens se battre, les excita l'un contre l'autre en leur disant : *xe xe*, *xe xe*..... et il alla même jusqu'à les pousser pour les animer davantage. Cela lui réussit à merveille, mais pas tout à fait dans le sens qu'il aurait voulu; car les chiens, en sautant l'un sur l'autre, le renversèrent par terre, au milieu de la boue, et il fut même un peu mordu au bras. Depuis cette petite aventure, l'envie de faire battre les chiens lui a tout à fait passé; et, du plus loin qu'il en voit, il continue bien vîte son chemin de l'autre côté de la rue, sans oser dire une seule parole.

On appèle yacht un petit vaisseau qui va

à rames et à voiles ; il y en a beaucoup en Angleterre et en Hollande. Ils servent à transporter des personnes d'un lieu en un autre, et plus souvent encore à faire des promenades sur l'eau, alors ils tiennent lieu de voitures.

A Venise, qui est une grande ville bâtie dans la mer, on se sert aussi de gondoles au lieu de voitures. C'est une espèce de bateau alongé, où il y a une chambre, et qui va à rames. Les rues de Venise sont des canaux pleins d'eau, de manière que pour aller d'un endroit de la ville à l'autre, on monte dans une gondole, que des hommes font voguer sur l'eau ; au lieu qu'à Paris on monte dans un carosse que des chevaux font rouler sur le pavé.

Saint-Xavier, appelé plus ordinairement Saint-François-Xavier, fut un personnage pieux, qui, plein de zèle pour la propagation de la religion chrétienne, s'y dévoua tout entier. Il alla prêcher l'évangile aux peuples des Indes, et eut la satisfaction d'en convertir quelques-uns à la croyance d'un seul Dieu.

Sans doute il serait à souhaiter que tous les hommes n'eussent qu'une seule et même religion, et que ce fût la bonne. Alors, pensant tous de la même manière, ils s'en aimeraient peut-être davantage, ou du moins, la différence de religion ne serait plus un prétexte pour les diviser et les animer les uns contre les autres. Mais quelque précieuse que pût être cette uniformité de sentimens, comme il serait bien difficile, pour ne pas dire impossible d'y parvenir, ce serait la plus cruelle et la plus injuste des tyrannies que d'employer la persécution pour cette conversion, c'est-à-dire, de forcer les hommes à embrasser une religion par les tortures et les supplices, comme on l'a fait trop souvent.

Moïse fut un des plus grands hommes de l'antiquité. Sa naissance fut marquée par un de ces évènemens extraordinaires qui attirent les regards sur ceux qui en sont l'objet. Sa mère fut obligée de l'exposer dans une corbeille, sur une grande rivière qu'on appèle le Nil ; et il n'eut pas manqué de périr sans la fille du roi du pays, qui l'aperçut en ce promenant sur les bords du fleuve. Elle le fit retirer, prit soin de son enfance et de son éducation.

Quand il fut grand, il montra une prudence, une résolution, et une sagesse bien au-dessus du commun des hommes. Les Juifs ou Hébreux, étaient esclaves et malheureux chez les Égyptiens, peuple savant, mais superstitieux, qui adorait des chiens, des veaux et des animaux de toute espèce. Le génie de Moïse, qui était Juif, voulut que ses frères fussent délivrés de la servitude et de l'idolâtrie, et ils en furent délivrés : ils abandonnèrent l'Égypte, et, sous la conduite de leur nouveau chef, ils allèrent au loin fonder un état, et former un corps de nation.

Ils eurent des déserts immenses à traverser ; la faim et la soif à supporter ; ils éprouvèrent des privations et des fatigues de tout genre ; mais que ne souffre-t-on pas volontiers quand on fuit l'oppression et la tyrannie. Moïse sut pourvoir à tous leurs besoins et les tirer de tous les périls. Il fit jaillir de l'eau d'un rocher en le frappant de sa baguette ; quelque tems après, il donna aux Juifs ces lois divines que Dieu lui inspira lui-même, sur le mont Sinaï, et que nous connaissons encore sous le nom de *Commandemens de Dieu*. Ces commandemens renferment, en un très-petit nombre de lignes, avec la croyance d'un seul Dieu, tout ce que la plus saine morale peut enseigner aux hommes pour vivre heureux en société.

La puissance infinie du Créateur se manifeste et se fait reconnaître par ses ouvrages, et surtout par la variété qu'elle a mise dans les êtres animés. La vie est répandue partout. Il y a des animaux gros comme des maisons, tels que l'éléphant et la baleine ; il y en a de si petits qu'on ne peut les apercevoir, ni les connaître. Il y en a dans la terre et sur la terre ; il y en a dans l'eau et dans l'air. Il y en a aussi qui sont de deux natures, c'est-à-dire, qui vivent tantôt dans l'eau, tantôt hors de l'eau, suivant leur volonté. Ce sont ceux-là qu'on appèle amphibies. Le plus curieux des amphibies, c'est le castor. Il est doué d'une adresse et d'une intelligence exquises. Ces animaux se réunissent plusieurs en société, et ils se bâtissent des habitations à plusieurs étages, sur les bords des grandes rivières, avec tout l'art imaginable. Ils établissent entre eux et surtout ils observent un ordre et une police que les hommes devraient quelquefois prendre pour modèle.

***

Les Indiens passent pour être les plus anciens peuples de la terre ; et on prétend que c'est des Indes que les hommes se sont dispersés sur le globe, où ils ont répandu leurs opinions religieuses. La plus fameuse de ces opinions, c'est la métempsycose. Ils croient que l'ame des hommes passe après leur mort dans le corps de quelques animaux, suivant qu'ils ont été bons ou méchans pendant leur vie, de manière que l'ame des bons passerait dans le corps d'un chien qui est toujours caressé, ou d'un oiseau qui n'a rien ou bien peu de chose à souffrir ; tandis que l'ame des méchans passerait dans le corps d'un cheval de poste, par exemple, qui travaille sans cesse, et qui sans cesse est battu de coups.

Cette opinion, toute fausse qu'elle est, n'a rien de dangéreux en soi ; mais une coutume barbare qui se pratique aux Indes, c'est que les femmes sont obligées de se brûler toutes vivantes sur le corps de leurs maris, quand ceux-ci viennent à mourir. Il y a bien parmi eux quelques philosophes, c'est-à-dire, des hommes pensans, qui voudraient faire abolir un usage aussi cruel, mais ils n'osent pas trop parler, parce que les sots crient plus fort qu'eux ; et il y a (aux Indes) des hommes intéressés au maintient des préjugés, qui font croire aux sots qu'en toute chose il faut savoir faire tout comme ont fait leurs pères.

———————

L'once ressemble beaucoup au chat par sa forme ; mais elle est beaucoup plus grosse, et sa peau est agréablement mouchetée à peu près comme celle du léopard et de la penthère, autres animaux du même genre, qui sont farouches et cruels. On parvient assez facilement à apprivoiser l'once, qui devient alors douce et très-familière ; mais elle est traîtresse comme le chat, et il ne faut pas toujours s'y fier. On se sert de l'once pour prendre le gibier et particulièrement des chèvres sauvages qu'on nomme gazelles. Le chasseur est à cheval et il a avec lui l'once dont il se sert. Aussitôt que la gazelle part, l'once saute à bas et la prend en deux ou trois bonds. Mais si la gazelle échappe, l'once est capable de s'élancer de dépit sur le chasseur, qui alors lui donne le change en lui jetant quelque chose.

~~~~~~~~~~~~~~~~

Le ghiamala est un de ces animaux très-rares et très-singuliers qu'on trouve quelquefois, quoique rarement, dans les pays étrangers : il est extrêmement féroce. Il est une fois plus haut que l'éléphant, le plus gros des quadrupèdes ; mais il est beaucoup moins fort et moins massif. Il ressemble d'une part au chameau et au dromadaire par sa tête et son cou, et surtout par les bosses qu'il a sur le dos : il ressemble de l'autre à la girafe par ses formes élancées, et par les cornes qu'il a sur le front. La girafe a long-tems passé pour un animal imaginaire, parce qu'il est si rare, que personne n'avait pu en voir depuis long-tems, et l'on croyait que les anciens qui en avaient parlé, nous avaient fait des contes sur cet article, comme ils en ont fait sur tant d'autres, et notamment sur le phénix dont nous allons parler.

~~~~~~~~~~~~~~~~

Le phénix est un oiseau bien décidément fabuleux et imaginaire ; c'est-à-dire, qui n'a jamais existé. Voici à peu près ce que les anciens peuples croyaient et racontaient à cet égard. Le phénix était de la grosseur d'une

aigle ; son plumage était de couleurs écla=
tantes, comme de l'or pur ou des pierres fines.
Il n'y en avait jamais qu'un seul à la fois ; il
vivait pendant cinq-cents ans ; son séjour était
l'Arabie. Il mangeait de l'encens et de la
gomme. Quand il était sur le point de mourir,
il ramassait et rassemblait plusieurs morceaux
de bois odoriférans et aromatiques, il en for-
mait une espèce de nid en forme de bûcher ;
il se plaçait dessus ; les rayons du soleil y met-
taient le feu ; il l'enflamait et l'allumait davantage en battant des ailes, et il se trou-
vait bientôt consumé ; mais de son corps
brûlé, ou de sa cendre, sortait un ver qui
donnait naissance à un autre phénix, lequel
recommençait la même carrière.

On dit encore aujourd'hui d'un homme rare,
et qui a un génie et des talens extraordinaires,
que c'est un vrai phénix.

Le rhinocéros est un animal sauvage et fa-
rouche, d'une forme singulière. Il a sur le nez
une corne très - dure, et très - aiguë, par
le moyen de laquelle il se fait craindre de
tous les animaux, et jusque du tigre même,
le plus cruel de tous. Sa peau se replie sur
son cou et ses épaules en forme de capuchon,
puis une autre portion de peau lui recouvre
le dos comme une cuirasse, ou comme une
écaille de tortue. Cette peau est très-épaisse
et si dure, qu'une balle de fusil ne peut

la percer. Le rhinocéros est l'ennemi déclaré de l'éléphant. Celui-ci attaque et se défend au moyen de sa trompe, membre qui tient du prodige; ce n'est autre chose que le prolongement de son nez; mais il s'en sert aussi adroitement et bien plus fortement qu'un homme pourrait faire de sa main. Le rhinocéros de son côté cherche à passer son museau sous le ventre de l'éléphant et de le percer avec sa corne, ce qui lui réussit quelquefois; mais d'autres fois aussi il arrive que l'éléphant, blessé à mort, tombe sur le rhinocéros, qui n'a pu se dégager assez tôt, et tous deux restent sans vie sur le champ de bataille.

Nous avons déjà dit que les sylphes et les gnomes sont des esprits imaginaires. Voici les contes que l'on débite quelquefois à leur sujet. Les sylphes habitent dans l'air, et ce sont eux qui animent et gouvernent les corps des oiseaux; tandis que les gnomes, qui habitent la terre, animent et gouvernent les corps des animaux terrestres. De cette manière, ils tiennent lieu de l'ame dans les bêtes; ce qui a donné lieu à ces imaginations, c'est que les bêtes n'ont point d'ame; cependant elles agissent, et même quelquefois avec une grande intelligence. Alors on a supposé que la cause de ce mouvement et de cette intelligence était des esprits qui entraient dans leur corps.

Au surplus, les gnomes passent pour être très-doux, très-dociles, devenant familiers avec les hommes dont ils sont les amis. Leurs femmes s'appellent gnomides, on les dit petites, lestes, très-agréables. Quand un homme peut avoir un gnome à sa disposition, il peut faire les choses les plus difficiles et les plus extraordinaires, parce qu'il est servi par ce gnome, comme par un génie invisible.

Encore une fois, tout cela sont de contes bons pour amuser des enfans, et dont il faut bien se garder de rien croire.

***

Les anges sont des substances spirituelles et intelligentes, intermédiaires entre Dieu et les hommes ; c'est-à-dire, inférieurs à Dieu qui les a créés, et supérieurs à l'homme qui leur est soumis. Dieu s'est souvent servi des anges pour annoncer aux hommes sa volonté et pour la faire exécuter. Après qu'Adam, notre premier père, eut été chassé du paradis terrestre pour sa désobéissance, Dieu plaça à l'entrée du paradis un ange avec une épée flamboyante, pour l'empêcher d'y rentrer. Lorsque Dieu voulut détruire les villes de Sodome et Gomore, à cause des péchés de leurs habitans, il envoya trois anges pour avertir Loth et sa famille de quitter la ville qui allait devenir la proie des flammes, parce que Loth et sa famille n'avaient point participé à la corruption et au désordre de ses concitoyens.

Quoiqu'il y ait une bien grande quantité d'anges, et qu'il y en ait même de plusieurs espèces, plus ou moins élevés en dignités, on n'en connaît que trois par leur nom : *Michel*, *Gabriel* et *Raphaël*. Le premier a combattu et vaincu le Démon sous la forme d'un dragon.

C'est le second qui a été chargé d'annoncer et de prédire à la Sainte Vierge qu'elle serait la mère de Jésus-Christ.

Le troisième accompagna le jeune Tobie dans un long voyage, et lui donna un secret pour rendre la vue à son père qui était devenu aveugle.

LEÇONS DE LECTURE LATINE.

En latin,, toutes les lettres se font ordinairement sentir, il n'y a que bien peu de lettres nulles : les consonnes même ne le sont jamais. Ainsi, il faut se rappeler de les faire toujours sonner. Voici les principales règles de la prononciation du latin, suivant qu'on la pratique en France, car les autres nations le prononcent différemment.

L'*e* n'est presque jamais marqué d'aucun accent, et cependant il n'est jamais muet. Il peut être ouvert, ou fermé, ou moyen : *patres* , *patre* , *amet.*

En , *em*, au commencement ou au milieu des mots, se prononcent comme *in* en français, et jamais comme *an :*

Ament , *semper* , *omnipotentis* , *emptio*, *emptor*, *ens* , *entis;* mais à la fin des mots, toutes les lettres sonnent séparément: *nomen*, *amen*, *patrem*, *omnipotentem.*

An , *in* , *on;* *am* , *im* , *om* , se prononcent comme en français, au commencement, ou dans le milieu des mots : *sanctus* , *inducas* , *confiteor* , *andreas* , *ambitio.*

Mais à la fin des mots , toutes les lettres sonnent séparément : *forsitan* , *ecclesiam* , *vim*, *non* , *in nomine* , *eleison.*

L'*u* est nul et se fait pas sentir dans *quo*, *quod*, *quos*, *quot*, *quomodo*, etc.

L'*u* a le son de *ou* dans *qua*, *quam*, *quando*, *quas*, *quant* ; ainsi que dans *lingua*, *extinguam*, etc.

L'*u* a le son de l'*o* dans *mundum*, *sunt*, *vestrum*, *eternum*, etc. Il a le son du français dans *nunc*, *tunc*, *cunc*, etc.

Ch a toujours le son de *ke* · *charitas*, *chirurgus*, *christus*, etc.

Gn a toujours le son dur de *stag-nation* : *agnus*, *cognitio*, *magnificat*.

PRIERES LATINES.

L'Oraison Diminicale.

ORAISON dominicale signifie prière du Seigneur, c'est-à-dire, la prière que Notre Seigneur JÉSUS-CHRIST a enseignée à ses Apôtres et à ses Disciples, et qu'ils nous ont transmise. C'est la même qui commence ainsi en français : *Notre père, qui êtes aux cieux.* On l'appelle aussi le *Pater*, parce qu'elle commence en latin par ces mots : *Pater noster.*

Pater noster, qui es in cœlis, sanctificetur nomen tuum : adveniat regnum tuum : fiat volontas tua sicut in cœlo et in terrâ. Panem nostrum quotidianum da nobis hodie : et dimitte nobis debita nostra, sicut et nos dimittimus debitoribus nostris : et nè nos inducas in tentationem ; sed libera nos à malo. Amen.

La Salutation Angélique.

La prière qui suit porte ce nom, parce qu'elle rappèle les paroles que l'Ange dit à la Vierge Marie, lorsqu'il vint la saluer de la part de Dieu, et lui annoncer qu'elle mettrait au monde Jésus-Christ. On l'appèle aussi l'*Ave Maria*, parce qu'elle commence en latin, par ces paroles. C'est la même que l'on dit en français : *Je vous salue, Marie, pleine de grâce.*

Ave Maria gratiâ plena, Dominus tecum. Benedicta tu in mulieribus, et benedictus fructus ventris tui Jesus.

Sancta Maria, Mater Dei, ora pro nobis peccatoribus, nunc et in hora mortis nostræ. Amen.

Le Symbole des Apôtres, ou le Credo.

Le Symbole des Apôtres contient la croyance ou la profession de foi du chrétien. On l'appèle symbole des Apôtres, parce que les Apôtres de Jésus-Christ, en se séparant, pour prêcher l'Évangile aux nations, composèrent cette profession de foi, par laquelle on pourrait les reconnaître, et reconnaître tous ceux qui seraient venus se ranger au christianisme. *Symbole* veut dire *signe, marque.* Il commence en français par : *Je crois en Dieu, le Père tout-puissant.*

Credo in Deum Patrem omnipotentem, creatorem cœli et terræ : et in Jesum Christum, Filium ejus unicum, Dominum nostrum ; qui conceptus est de Spiritu sancta, natus ex Maria Virgine, passus sub Pontio Pilato, crucifixus, mortuus et sepultus: descendit ad inferos, tertiâ die resurrexit à mortuis: ascendit ad cœlos, sedet ad dexteram Dei Patris omnipotentis, inde venturus est judicare vivos et mortuos.

Credo in Spiritum sanctum, sanctam Ecclesiam Catholicam, Sanctorum communionem, remissionem peccatorum, carnis resurrectionem, vitam æternam. Amen.

La Confession des péchés, ou le Confiteor.

PAR cette prière, on demande pardon à Dieu des fautes et des péchés qu'on a commis, et on prie les Saints d'intercéder pour soi auprès de Dieu. En français, on dit : *Je me confesse à Dieu toutpuissant*, etc.

Confiteor Deo omnipotenti, beatæ Mariæ semper Virgini, beato Michaëli Archangelo, beato Joanni Baptistæ, santis Apostolis Petro et Paulo, omnibus Sanctis, (et tibi Pater) quia peccavi nimis cogitatione, verbo et opere : Meâ culpâ, meâ culpâ, meâ maximâ culpâ. Ideo precor beatam Mariam semper Virginem, beatum Michaëlem Archangelum, beatum Joannem Baptistam, sanctos Apostolos Petrum et Paulum, omnes Sanctos, (et te Pater) orare pro me ad Dominum Deum nostrum.

9 782329 061191